凡俗がよむ

道元偈頌全評釈

蔭木英雄

まえがき

晩学のわたしは、三十七歳のとき、「義堂周信《ぎどうしゅうしん》の文学観と詩風」と題して、修士論文を執筆して以来、五山文学を研究テーマにし、退職して自由人？　になってからは、只管打坐《しかんたざ》する時間はたっぷりあったのに、一休さん、良寛さん、そして道元禅師と、一筋に禅僧が作った漢詩・偈頌を、字句を穿《せん》鑿《さく》して、読んできました。

一昨年出した私家版『凡俗による道元詩偈全評釈』は、『永平広録』九・十所収の、「玄和尚頌古」「玄和尚真賛・自賛并偈頌」を評釈し、自筆原稿をコピー製本したものでしたが、『永平広録』一～八の上堂法語にも多くの偈頌があり、心残りでした。

先学・碩師による道元偈頌解釈はまちまちで、凡俗《わたし》でも納得しかねるものが多々見受けられます。そこで一念発起、白山権現の助力によって、道元が一夜のうちに書写したという『碧巌録』や、『正法眼蔵』などの用語を土台にして精読し、傘寿を記念して活字出版することにしました。

『遺教経』に、〝知足の人は地上に臥すと雖も、猶お安楽なりと為す〟という経文があります。陸軍士官学校で喀血して以来、わたしは病・死におののき続けましたが、傘寿になって凡俗もやっと、「もう寿齢も足りた」と知足し安楽するようになりました。もちろん、この安楽は本物ではありません。なにしろ、〝坐禅はすなはち安楽の法門なり〟（『正法眼蔵』弁道話）という法門をくぐっていないのですから――。

『永平広録』小参には、〝世尊言《いわ》く、「山林に睡眠するは、仏、歓喜し、聚落に精進するは、仏、喜ばず〟という言葉があります。須磨鉢伏山の麓とはいえ、明石大橋を見おろす塩屋台の聚落の中で、禅詩を耽読する凡俗は、畢竟、無限？ 循環の黒豆勘定をするよりほかありません。『道元偈頌評釈』がその黒豆勘定です。

凡例

●本書は、門鶴本（祖山本とも称す）『永平広録』所収上堂法語の中から道元偈頌を摘出し、原文・書き下し文・語注（用例を重視）・口語訳を施し、蛇足ながら、凡俗の評言と感想を付した。

●底本は、酒井得元・鏡島元隆・桜井秀雄監修『道元禅師全集』（春秋社刊）のうち第三・四巻の鏡島元隆校訂注釈『永平広録』上・下に拠った。

●作品に通し番号［1］〜［189］を記し、底本の巻数と番号を、〈門一―12〉のように示した。

●語注および口語訳に用いた書物の、略記号は左の通りである。

『景』　『景徳伝灯録』（台北市真善美出版社）
『碧』　『碧巌録』　（山田無文『碧巌録全提唱』禅文化研究所）
『永』　『永平広録』（『道元禅師全集』第三・四巻所収、春秋社）
『正』　『正法眼蔵』　（玉城康四郎『現代語訳正法眼蔵』大蔵出版）

●語注の用例語文には、適宜傍点を施し、一部には口語訳を付した。

●口語訳には、原文には無い語句を補って読み易くした。そのため格調音律を乱し、原文の豊かな情意を限定してしまった恐れがある。

凡俗がよむ　道元偈頌全評釈　目次

永平広録巻一

〔1〕　上①堂

黄②檗一条山③拄杖
諸④方老宿在頭上
忽然倒⑤却漫⑥天落
不覚従前論短⑦長

上《じょう》堂《どう》

黄《おう》檗《ばく》一条の山《さん》拄《しゅ》杖《じょう》
諸方の老《ろう》宿《しゅく》　頭上に在《あ》り
忽《こつ》然《ねん》倒《とう》却《きゃく》せば　漫《まん》天《てん》より落ち
従《じゅう》前《ぜん》　短《たん》長《ちょう》を論ぜしを覚《おぼ》えず

①上堂＝説法のために法堂に上ること。『永』五―358〝日本国人、上堂の名を聞く最初は、永平（＝道元）の伝うるなり〟。嘉禎二年（一二三六）十月十五日の、興聖寺上堂が日本の上堂の最初であると、道元は宣《の》べている。なお、本書では、ふつうの上堂法語の中の偈頌には、以下〝上堂〟の題詞を記さない。　②黄檗＝百丈懐海の法嗣の黄檗希運（生没年不詳）。『正』仏経〝黄檗の六十拄杖、よく児孫を生長せしめ〟　③山拄杖＝山から伐《き》り出した杖。『碧』十八〝雪竇道わく、「山形の拄杖子」古人道《い》わく、「拄杖子を識得せば、一生の参学畢《おわ》んぬ」〟　④諸方老宿＝諸方にいる老練の師家。『正』行持下〝諸方の長老の那裏、什《なん》麽の仏法か有らん〟　⑤倒却＝たおす。『碧』十五〝迦葉云く、「門前の刹竿を倒却著せよ」と〟　⑥漫天＝空一面。『正』行持上〝十方の帀《そう》地《ち》漫天みなその功徳をかうぶる〟　⑦短長＝相対的な長さ。『正』神通〝まことに短長にかかはれざる仏神通の変相〟

〔**口語訳**〕黄檗の、山から伐《き》り出した一本の杖　諸方の老宿たちはその杖の先にいる　とつぜん拄杖を倒すと、老尊宿たちは広い空から落下して　これまで杖の相対的な長短（教相判釈など）を論じていた分別知など吹っとんでしまった〈門一―12〉

〔**評言**〕語注③の用例によりますと、拄杖は仏法の象徴です。その拄杖に打たれて老宿たちは鍛えられ、宇治興聖寺の雲水もその先端に在るのです。拄杖（仏法）は相対的長所短所など超越しているのです。

〔2〕

月①夕

供②養修行払袖行
三人正好一円③成
江④西翫⑤月縦如是
天⑥漢兎⑦蟾自証明

月《げっ》夕《せき》

供養・修行　払袖行《ほっしゅうこう》
三人正《まさ》に好《よ》し　一に円成《えんじょう》す
江西の翫月《がんげつ》　縦《たと》い是《かく》の如くなりとも
天漢の兎蟾《とせん》　自《おの》ずから証明す

①月夕＝十五夜。ここは仁治元年（一二四〇）八月十五日の夜。　②供養云々＝『永』一―13に在る話。馬祖は月見の時、三人の弟子に、「こういう十五夜の時はどうじゃな」と問うと、西堂智蔵は「供養するのに丁度よい」と答え、百丈懐海は、「修行するのによろしい」と述べ、南泉普願は袖を払って出て行ったという。　③円成＝円満に成就すること。『正』都機《つき》〝諸月の円成すること、前三三のみにあらず〟　④江西＝江西省南昌の開元寺に住した馬祖道一（七〇九―七八八）をいう。　⑤翫月＝月見のこと。『碧』三十六〝一日、長沙と同じく翫月せし次《とき》〟　⑥天漢＝天の川、銀河。　⑦兎蟾＝月の異名。

〔**口語訳**〕十五夜のときに、供養するのも（西堂）修行するのも（百丈）袖を払って立ち去るのも（南泉）　三人はともに仏道を円満に成就している　たとえこのように馬祖が明月を賞《め》でようとも　銀河と月とが自然と円成を証明している〈門一―13〉

〔**評言**〕地球上の人間は、太陽との相対的位置関係によって、月が三日月や半月に見えるのです。月そのものは本来円成して輝いているのに――。月の真如を供養し、真如のままに修行し、心のままに払袖して去るのも、修行者の自然《じねん》の活動なのでしょう。

［3］ 丙①丁童子来求火　丙丁童子《びょうじょうどうじ》　来りて火を求む

露②柱灯籠幾惜明　露柱灯籠《ろちゅうとうろう》　幾ばくか明を惜しまん

埋在寒③灰摸未見　埋《うず》もれて寒灰《かんかい》に在り　摸《さぐ》れども未だ見ず

点④来吹滅再生行　点じ来って吹滅《すいめつ》す　再生の行

①丙丁童子云々＝火の神が火を求める。自己が本来有している仏性を外に求める喩え。『正』弁道話〝則公がいはく、それがし、かつて青峰にとひき、「いかなるかこれ学人の自己なる。」青峰のいはく、「丙丁童子来りて火を求む。」〟②露柱灯籠＝無情または非情のもの。『正』道得〝露柱灯籠にても問取するなり〟③寒灰＝冷えきった灰。空無に堕《お》ちて活用のない状態をいう。『碧』二十五〝切に忌む、寒灰死火を守って黒漫々の処に打入し去るを〟④点来吹滅＝火をつけると、それを吹き消す。徳山を接化した竜潭の故事は有名。『碧』四〝〔龍〕潭遂に紙燭を点じて〔徳〕山に度与す。山接するに方《あた》って潭便《すなわ》ち吹滅す。山豁然として大悟し便ち礼拝す〟

〔口語訳〕丙丁童子が（自分が火の神であるのに）火を求めると　露柱や灯籠など非情の物は明るい仏性の光を少しも惜しまなかった　（仏性の火種は）冷たい灰の中に埋もれて、いくら外に探しても見つからないので　火を点《つ》けその火を吹き消して（その縁で）本来具有の仏性の火を再生させたのである〈門一―15〉

〔評言〕道元はこの『永平広録』一―15の上堂法語で〝仏種は縁より起こる〟と明言しています。その縁を蹉過《しゃか》しては（時節を逸しては）なりません。小ざかしい知見で蹉過したのなら、その小知を吹き消して、自己本来の面目（仏性）を覚らねばなりません。私たちは真実を知る縁を、どれほど見逃していることでしょう。

［4］

不①得不知仏②大意　　不《ふ》得《とく》不知は　仏の大意

風③流深処却風流　　風流深き処　却《かえ》って風流

長空不礙白雲飛　　長空礙《さまた》げず　白雲の飛《ひ》

此度何労問石④頭　　此の度《たび》　何ぞ労して石頭《せきとう》に問わん

①不得不知＝概念で、これといって得られるものでなく、知られるものでもない。用例は語注②参照。　②仏大意＝仏法の根本精神。『景』十四および『正』仏向上事〝（道悟）とふ、「如何なるか是れ仏法大意」。師く、「不得不知なり」。道悟曰く、「向上更に転処有りや也《ま》た無しや」。師云く、「長空は白雲の飛ぶを礙げず」と〟　③風流＝俗事を離れ風雅なこと。『碧』六十七〝風流ならざる処也《ま》た風流〟　④石頭＝青原行思の法嗣の石頭希遷（七〇〇―七九〇）、その弟子が②の語注にある天皇道悟（七四八―八〇七）

〔**口語訳**〕仏法の根本精神は言語分別で得られもしないし知られもしない　風流は（不得不知の仏大意のように）深いところが却って風流なのだ　大空は白雲の飛ぶがままである（ありのままに自由自在なのが仏法の大意である）

この度《たび》はどうして石頭和尚にわざわざ問うことがあろうぞ〈門一―22〉

〔**評言**〕語句を穿鑿しても「仏大意」は得られないのに、せっせと評釈に努める凡俗《わたし》のあわれさよ。

〔5〕

仏①仏身心今②得長③
璧④珠面目象天⑤方
算⑥来等積幾長⑦遠
佳節度知是一⑧陽

仏仏の身心《しんじん》　今《いま》長ずるを得
璧珠《へきじゅ》の面目《めんもく》　天方に象《かたど》る
算じ来り等《ひと》しく積もれば　幾《いくばく》の長遠《ちょうおん》
佳節度《はか》り知る　是れ一陽

①仏仏身心＝もろもろの仏や仏祖の身心。『永』一―25〝仏祖の身を以て数珠に作りて三百六十日を得〟 ②今＝仁治元年（一二四〇）十一月一日の冬至。 ③長＝冬至から日が長くなる。『永』一―25〝是の長の中に仏祖寿命を得るなり、諸人は長の中に発心修行す〟 ④璧珠＝平たく円い玉と球形の珠。ここは語注①の用例文の数珠か。 ⑤天方＝天堂。 ⑥算来＝数をかぞえる。算数《さんじゅ》。道元は釈尊以来の仏祖をかぞえることが、仏法の正伝であると考えている。『正』行持上〝仏仏祖祖を算数するには……正伝の嫡嗣《てきし》のみ、その算数の法を正伝す〟 ⑦長遠＝語注③参照。『正』行持上〝仏寿長遠の行持なり〟 ⑧一陽＝一陽来復の冬至をいう。『正』眼睛〝いま綿綿なる一陽三陽、日月長至〟

〔口語訳〕諸仏の身心（大自然、法身仏）は冬至の今日から長くなり　長くなる法身を数える数珠の本来の相《かたち》は天堂（宇宙大自然）の象徴である　正法を正伝する仏々祖々を算《かぞ》えてみな積んでいくと、どれほど長く続くだろう（その長遠の中で私たちは修行しているのである）　冬至の佳《よ》きこの日に一陽来復をはかり知るのである〈円一―25〉

〔評言〕承句が難解です。『正法眼蔵』一顆明珠の〝不昧《ふまい》本来の頭《ず》正尾《しんび》正《しん》なる明珠は面目なり〟（くらまされない本来の真実、それが明珠の本来の面目である）から無理にこじつけて、「璧珠」は一顆明珠であり、また数珠であると理解したのですが、さてどうでしょう。

［6］　対①説団②圝其十分
作賓③叉④手主元在
百⑤千万度道来久
此番如何人不会

対説団圝《たいせつだんらん》　其れ十分
賓《ひん》と作《な》り叉手《しゃしゅ》すれば、主元《しゅもと》より在り
百千万度　道《い》い来ること久し
此の番《ばん》如何《いかん》が人会《え》せざる

①対説＝相い対して法を説く。　②団圝＝⑴集まり楽しむ、⑵円いさま。『正』眼睛〝団圝せしむるは八万四千の眼睛なり〟（仏道を円満成就させるのは八万四千の眼玉である）　③賓＝学人は賓で師家は主。『永』一―26〝主が十分の説を設くれば賓証明し、賓が十分の説を設くれば主証明す。〟　④叉手＝左手の拳を右手の掌でおおって、胸の前におく。『正』看経〝施主にむかひて叉手してたつ〟　⑤百千万度＝数え切れないほど繰り返すこと。『正』観音〝当恁麼の時節に、百千万の道得に道取すべきを〟（この時には百千万も数え切れないほど色々な言い方があるだろうが）

〔口語訳〕主（師家）と賓（弟子）とが相い対して法を語り合い和《なご》やかだったら、それで十分で　修行者が賓位で叉手して挨拶すると老師は元々主位にいるのである（賓も主も互いに説法し証得している）　数え切れぬほど繰り返し説法してきたが　今回だけどうして人は会得しないことがあろう〈門一―26〉

〔評言〕これは師家と弟子が、瓶の水を他の瓶に移し注ぐように正法を伝えるさま、つまり師資相見、賓主交参を詠っているのでしょう。正師に就かぬ凡俗には求めても得ざる世界です。でも求不得苦に陥らぬよう、わたしも居士生活を自由に送ります。

［7］　心如臘①月扇

心は臘月《ろうげつ》の扇の如く

身如寒②谷雲③　　身は寒谷《かんこく》の雲の如し
若見④得自⑤為　　若《も》し自ら為《な》すことを見得《けんとく》すれば
便見得誰為　　便《すなわ》ち誰か為すことを見得せん
若見得誰為　　若し誰か為すことを見得すれば
便見得我為　　便ち我が為すことを見得せん

①臘月扇＝十二月の扇で無用の物、または無所得の働きの喩。瑩山紹瑾『坐禅用心記』〝口辺に醭生じて臘月の扇の如し〟　②寒谷＝寒い谷。『永』十―偈頌112「山居」〝我が仏の伝衣は寒谷に始まる〟　③雲＝無心の象徴。陶潜「帰去来辞」〝雲は無心に以て岫を出〟　④見得＝見て会得する。道元は単に見だけでなく、体全体で会得することにこの語を用いる。『正』道得〝いまの功夫、すなはち道得と見得とに功夫せられゆくなり〟（今の工夫は即ち表現と体得とに養われていくのである）　⑤自為＝自分でする。『正』神通〝自作自為あり、他作教他ありて水を運載せしむ〟（自分ですることもあり、他人にさせることもあって、水を運ぶ）

〔**口語訳**〕心は十二月の扇のように無用無所得で　身体は冬の谷から出る雲のように自由無礙である　もし自分ですることを体得すれば　誰が作用しているかが会得できるだろう（法身仏が作用《はたらい》ているのである）　もし誰が作用しているかが見ぬけると　自分がしているはたらきも体全体で会得するだろう〈門一―27〉

〔**評言**〕私たちの身心は、自分の意思で働いているようですが、そうではありません。因縁の理つまり法身仏の意思によって、そう為《な》すべくしてそのように働いているのです。

［8］

摩①訶般若波羅蜜
一②等玄③談非両一
魔④仏縦雖同⑤口説
出頭更道是何⑥必

摩《ま》訶《か》般若《はんにゃ》波《は》羅《ら》蜜《みっ》
一等の玄談《げんだん》　両一に非ず
魔仏《まぶつ》　縦《たと》い同口《どうく》の説と雖も
出頭して更に道《い》わん　是れ何必《かひっ》

①摩訶般若波羅蜜＝サンスクリット語の音訳。すぐれた智慧の完成。『正』摩訶般若波羅蜜〝仏薄伽梵は般若波羅蜜多なり、般若波羅蜜多は是諸法なり〟『永』三―209〝作麼生《そもさん》か是れ摩訶般若波羅蜜。乃ち云く、水を運び柴を般《はこ》ぶなり。〟

②一等＝同じく。ひたすら。『永』九―58〝一等に玲瓏として己語を談ず。〟（風鈴は同じように清らかに自分の言葉を語っている）　③玄談＝深遠な真理の話。『正』授記〝何の見を将《もっ》てか玄談を語らんとす。〟　④魔仏＝悪魔の説と仏説。『永』一―30〝涅槃経四十巻、幾許か仏説なる幾許か魔説なる〟　⑤同口＝⑴別々の人の同じ言葉、⑵同一人の言葉。『正』光明〝たとひ十聖三賢なりとも、文公（＝韓愈）と同口の長舌を保任せんとき〟　⑥何必＝必ずしも～するには及ばない。部分否定型だが、道元は表現不可能の境地を何必という。『正』授記〝授記これ何必なり、授記これ破顔微笑なり。〟

〔口語訳〕すぐれた智慧の完成は　ひたすら深い真理を語って一つ両《ふたつ》と別々に語ることはない　魔説と仏説とをたとえ同じ人（釈尊?）が説いたとしても　道元《わたし》は席列から前に出て「摩訶般若波羅蜜は表現不可能（不立文字）の境地だ」と言おう〈門一―30〉

〔評言〕机上で摩訶般若波羅蜜を求める凡俗《わたし》は、ただただ引きさがらざるを得ません。

［9］

天①外春将暮
青青野色分
桃②華千万朶
何処覓霊③雲

天外《てんげ》に　春将《まさ》に暮れんとし
青青《せいせい》たる野《や》色《しき》分《わか》てり
桃華《とうか》千万朶《せんまんだ》
何処《いずく》にか　霊雲《れいうん》を覓《もと》めん

①天外＝空の彼方。『正』行持下〝天外の青山色寡《すくな》く〟　②桃華＝桃の花。『正』渓声山色〝また霊雲志勤《しごん》禅師は……桃華のさかりなるをみて、忽然として悟道す〟　③霊雲＝福州霊雲山に住した霊雲志勤（生没年不詳）

〔口語訳〕空の彼方で春は暮れようとし　青々《あおあお》とした野原がくっきり見える　桃の花が千本も万本も開いているが　どこで（桃華を見て悟った）霊雲のような禅者を求めようか〈門一―36〉

〔評言〕天地宇宙は桃も紅葉も、真理（仏説）を人に語っているのです。その仏の波長にダイアルを合わせて、耳を澄まさなければなりませんが、自己がその受信機そのものになりきれません。

［10］

脱①体已来雨②滴声
出③身門外什麽声
迷己不迷己
難④易一任你
逐⑤物及逐己

脱体して已来《いらい》　雨滴声《うてきせい》
出身の門外《もんげ》　什麽《なん》の声ぞ
己《おのれ》に迷うと　己に迷わざると
難易《なんい》　一に你《なんじ》に任《まか》す
物を逐《お》うと　己を逐うと

顛[6]倒未顛倒　　顛倒《てんどう》するや　未だ顛倒せざるや

①脱体＝煩悩が脱《ぬ》け出た体。悟った後のありのまま丸出し。『正』有時〝到は脱体の時なり、不到は即此離此の時なり〟（言葉や心が到るのは、もぬけの殻の時であり、到らないのは、このままで此処を離れている時である）『永』一―39〝出身は尤も易かるべし、脱体の道《ことば》は応《まさ》に難かるべし〟　②雨滴声＝雨だれの音。『碧』四十六〝鏡清恁麼に問う、「門外什麼《なん》の声ぞ」。僧云く、「雨滴声」。清却《かえ》って道《い》う、「衆生顛倒して己に迷うて物を逐う」と。〟（鏡清和尚がこのように尋ねた、「門外の音は何じゃ」。僧が言った、「雨だれの音です」。鏡清はそこで言った、「みな道理に反して、自分を見失って物に執らわれている」）　③出身＝束縛を脱した自由の身。『正』光明〝たとひ回避の地ありとも、これ出身の活路なり〟　④難易＝困難と容易。『正』菩提分法〝至道は難易にあらず、唯だ自ら揀択《けんじゃく》せんことを要すのみなり〟　⑤逐物及逐己＝物をおい自分をおう。『正』一顆明珠〝尽十方といふは逐物為己、逐己為物の未休なり〟（尽十方というのは、「物をおいかけてそれを自分だと見、自分を見てそれが外界の物と一体だと見る」そういう休みなきはたらきである）　⑥顛倒＝ひっくりかえる。語注②の用例文参照。『般若心経』〝遠離一切顛倒夢想〟

〔**口語訳**〕煩悩が身体から脱《ぬ》け出ても雨垂れの音がしている　束縛を脱した門の外で何の音がしているのか
（雨滴声に執らわれて）自己を見失うのと自己を見つめるのと　どちらが難しいか易《やす》いかはお前たちの撰択に任せる
（雨滴声のような）物に執らわれ、自己に執著するのは　顛倒しているのか（煩悩なのか）それともまだ顛倒していないのか〈門一―39〉

〔**評言**〕凡俗の筆者は、門外の音を「雨滴声」と答えるのが、なぜ顛倒しているのか、未だに分りません。諸法実相だけに固執している若い僧に、鏡清和尚は諸法空相をぶっつけたのでしょうか。〝一切の顛倒夢想を遠離〟しない筆者ごときに分らないのは当然でしょう。道元の『聞くままにまた心なき身にしあれば己なりけり軒の玉水』の境地に到りたいものです。

〔11〕

結①　夏

百②草如今将夏結
拈③来尽地万千茎
一④華五葉開天⑤沢
結⑥果自然必当生

結《けっ》夏《げ》

百草如今《にょこん》将《まさ》に夏《げ》を結ばんとす
拈《ねん》じ来る尽地の万千茎《ばんせんけい》
一華《げ》五葉《よう》天沢《てんたく》に開き
結果自《じ》然《ねん》必ず当《まさ》に生ずべし

①結夏＝九十日間、夏の安居の制を結ぶこと。ここは仁治二年（一二四一）四月十五日をさす。②百草＝もろもろの草。転じて万象。『正』大悟〝百草を拈じて大悟す〟③拈来＝とりあげる。来は助辞。『正』大悟〝大悟を拈来してさらに大悟するなり〟④一華五葉開＝達磨から五代の祖師を経て、禅の教えが花開くこと。達磨の遺偈に〝一華開五葉結果自然成〟の句がある。⑤天沢＝⑴天と沢、上と下。⑵天のめぐみ。『景』五「南嶽懐譲」〝譬彼天沢。汝縁合故当見其道〟⑥結果自然＝自然に結果が成就する。語注④の文例参照。『正』優曇華〝一華開五葉、結果自然成とは、渾身是已掛渾身なり〟

〔**口語訳**〕あらゆる草（雲水たち）は今や夏を迎えようと（夏安居に入ろうと）している　道元《わたし》は大地いっぱいの無数の草をとり上げる（教化する）　一つの花は天の恵みによって天上天下に五枚の花びらを開いて　自然に果実を必ず生じるだろう（修証が成就するだろう）〈門一―44〉

〔**評言**〕この仁治二年の春、日本達磨宗の懐鑑・義介たちが道元に参じています。転結句に達磨の伝法偈を詠みこんでいるのは、その関連があるのでしょうか。

［12］ 一生年月是何必[①]
万事回頭非得失
覚[②]路荘[③]厳誰不道
摩[④]訶般若波羅蜜

一生の年月　是れ何必《かひっ》
万事頭《こうべ》を回《めぐら》せば　得失に非ず
覚路《かくろ》の荘厳《しょうごん》　誰か道《い》わざらん
摩訶般若波羅蜜

①何必＝［8］の結句参照。『正』現成公案〝密有かならずしも現成にあらず、見成これ何必なり〟（知ることのできぬ秘密の世界は、必ずしも現われるとは限らないその実現は必ずしも決まっていない）　②覚路＝さとりの道。　③荘厳＝厳粛に美しく飾ること。『正』弁道話〝覚道の荘厳をあらたにす〟（悟りが一段と美しく飾られる）　④摩訶般若波羅蜜＝［8］の起句参照。

〔口語訳〕一生の年月はとても言葉では言い表わせず　万事かえりみると相対的な損得ではない　涅槃《さとり》への道のすばらしさは誰も表現できぬ　それはマカハンニャハラミツである〈門一―45〉

〔評言〕梵語は漢語に意訳すると、その真義は失われるので、三蔵法師たち訳経者は、音訳するのみでした。摩訶般若波羅蜜もその一つです。一生の年月は〝勝れた智慧の完成〟への道であり、それは「何必」であって、分別的言語では表現できないのです。

［13］ 仏[①]祖法[②]輪其力大

仏祖の法輪　其の力大なり

転於尽③界転微④塵　　尽界を転じ　微塵《みじん》を転ず
衣⑤盂縦入可伝手　　衣盂《えう》縦《たと》い入りて　手に伝うべくも
聴法普通男⑥女人　　聴法　普《あま》ねく男女《なんにょ》の人に通ず

①仏祖＝仏陀と祖師。道元は『永』六—446で、〝仏と謂い祖と謂う、混雑することを得ず。仏と謂うは七仏なり〟と述べて、仏と祖とをはっきり区別している。②法輪＝仏の説く教法。『正』転法輪〝この句すでに仏祖の法輪に転ぜられたり〟　③尽界＝尽十方世界の略。ありとあらゆる広大な世界。『正』有時〝尽界は不動転なるにあらず〟　④微塵＝極めて小さい塵。『正』四禅比丘〝微塵をみるは法界をみるにひとし〟　⑤衣盂＝衣鉢のこと。『正』鉢盂・『永』一—46〝衣盂を伝得するなり〟　⑥男女＝『正』礼拝得髄〝末山いはく、男女等の相にあらず〟

〔口語訳〕仏祖の説法はその力は広大で　大きい世界から微塵に至るまで法を説いている　仏祖の衣鉢は手から手へと伝えられるとしても　仏法を聴聞することは広く男女に通じる〈門一—46〉

〔評言〕この『永平広録』一—46でいう男とは道副・道育・慧可をさし、女は尼総持を言っているのですが、法の下での男女平等を詠っています。

［14］

朝朝日東出　　朝朝　日は東より出《い》で
夜夜月落西　　夜夜　月は西に落つ
雲収山①谷静　　雲収《おさ》まりて　山谷《さんこく》静まり
雨過四山低　　雨過ぎて　四山低し

三年必一②閏
鶏③向五更啼

三年　必ず一閏《いちじゅん》あり
鶏は　五更《こう》に啼《な》く

①山谷＝山と谷。『永』一—64〝叫べども響かざる山谷の一処を要す〟　②一閏＝旧暦では、三年に一度うるう年になる。　③鶏啼＝『碧』三十六〝趙州道《いわ》く、鶏は丑に鳴く。〟

〔口語訳〕毎朝太陽は東から昇り　毎夜月は西に沈む　雲が収まると山も谷も静かになり　雨が通過すると四囲の山は低く見える　三年に一度閏年《うるうどし》があり　鶏は午前三時頃鳴く〈門一—48〉

〔評言〕偶数句末の西・低・啼は上平八斉の脚韻をふんでいます。道元はこの『永平広録』一—48で、〝近来空手にて郷に還る　所以《ゆえ》に山僧に仏法無し　任運に且《しばら》く時を延ぶ〟と述べています。大自然の日月の運行と四山の景観そのものが仏法なのです。

〔15〕

仏生日①
尽界多②時天欲③暁
乾坤今日彩光彰
周④行七歩費全力
未⑤免傍観笑⑥一場

仏生日《ぶっしょうじつ》
尽界多時　天暁《あ》けんと欲し
乾坤《けんこん》今日　彩光彰《あきら》かなり
周行七歩《しゅうこうしちほ》　全力を費《つい》やし
未だ傍観の　笑い一場を免《まぬが》れず

①仏生日＝釈尊が生まれた四月八日。ここは仁治四年（一二四三）のが混入か？　②多時＝長い間。『正』阿羅漢〝用

来すでに多時なりといふとも〟　③欲＝〝ほっす〟ではなく、将然（……しはじめる）の意。④周行七歩＝釈尊は生まれると、天地をさして、「天上天下唯我独尊」と言った。『永』二―155〝十方に周行すること七歩にして、一手は天を指し〟　⑤未免云々＝『碧』三十〝未だ傍観者の哂《わら》うを免れず〟　⑥笑一場＝ひとしきり笑う場面。『正』深信因果〝拍手呵呵笑い一場〟

〔**口語訳**〕全世界は長い間、夜明けを待っていたが　天地は四月八日の今日、美しい光で明るくなった　釈尊はお生まれになるとすぐ七歩周《めぐ》り歩いて全力を出しきったが　（それを真似ると）傍観者の一場の笑いをさそってしまうぞ〈門一―75〉

〔**評言**〕結句は語注⑤の用例文、すなわち趙州の言葉によって、（それを真似ると）と補ったが、どうでしょうか。「今日」だけ「全力を費して」はなりません。平常心是道で日々是好日を続けなければならないのです。

〔16〕

秋雲秋日両悠悠①
半逐年時半似留
且②問儂③家相対話
不知方④外若⑤為酬

秋雲秋日　両《ふたつ》ながら悠悠
半《なか》ば年時を逐《お》い　半ば留《とどま》るに似《に》たり
且問《しやもん》す　儂家《のうけ》相い対して話すとき
方外若為《ほうがいいか》に酬《こた》うるかを知らず

①悠悠＝ゆったりしているさま。『唐詩選』王勃「滕王閣」〝閒雲潭影日悠悠　物換此移幾度秋〟　②且問＝話題を転じる時の語。それはさておき。③儂家＝われ。『寒山詩』〝儂家暫らく山を下り　城隍の裏《うら》に入る〟　④方外＝世俗を超えた人や世界。『碧』十一〝〔黄〕檗は裴相国と方外の友となる〟　⑤若為＝如何と同義。『碧』六十八〝双収双放若為が

宗なる〃

〔**口語訳**〕秋の雲も日ざしも、どちらもゆったりとし　年月を逐って動いているようでもあり、じっと静止しているようでもある（みな心の所為である）　ちょっと尋ねるが道元《わたし》は対話するとき　世俗を超えたもの（秋雲秋日）はどう答えるべきか分らない〈門一―76〉

〔**評言**〕「方外」を、秋雲秋日として解しましたが、雲水とも取れます。私は「秋雲悠々」から、石頭希遷の〃長空は白雲の飛ぶを礙げず〃（［4］の転句参照）の句をつい連想するのです。この句に対して道元は『正法眼蔵』仏向上事で、「この句を拈ずる時、仏来を見ることができ、自《みずか》らが現われて来るのを相見することができる」という意味のことを述べています。その趣旨に沿って解釈してみました。

［17］

中[1]　秋

折[2]尽月[3]中桂樹来
這[4]回不恋旧這回
胡[5]来胡現漢来現
無限清光十[6]五枚

中　秋

月中の桂樹《けいじゅ》を折り尽《つく》し来る
這回《しゃかい》は恋《こ》いず　旧這回
胡《こ》来れば胡現《げん》じ　漢《かん》来れば現じ
無限の清光《せいこう》　十五枚

①中秋＝ここは仁治二年（一二四一）八月十五日。②折尽＝〃桂を折る〃は科挙に及第すること。ここは煩悩を消すこと。あるいは月光を障るものを無くすことか？　③月中桂＝月の中に生える桂。転じて月光。梁元帝「漏刻銘」〃月、桂宵に輝く〃　④這回＝このたび。『碧』四十三〃是れ這回のみならず〃　⑤胡来胡現＝異境の胡《えびす》の人が来ると、鏡に

そのまま胡人が映る。仏性の働きが玲瓏無礙である喩え。『正』古鏡〝胡来胡現十万八千、漢来漢現一念万年なり〟（胡人が来ると、鏡に十万八千人もの多くの胡人が現われ、漢人が来ると一刹那にも万年にも漢人が古鏡に現われ映る）
⑥十五枚＝ここは十五枚の鏡、十五夜の月。枚は平らなものの数詞。

〔**口語訳**〕月中の桂（智慧光を礙《さえ》ぎるもの）を全部折ってしまった　十五夜の今宵の月は、昔の月を恋い執着せずに自《みずか》ら輝いている　（あの古鏡のように）中秋の月は胡人が来ると胡人を映《うつ》し、漢人が来ると漢人を映して無心に照り　無限の清光をば十五夜に放っている〈門一—77〉

〔**評言**〕この［17］を詠んでから、道元は『正法眼蔵』古鏡を著しています。この巻では宇宙を永遠に映す鏡（法身仏か）を、万人が一つずつ背負っていると説いています。もちろん、凡俗の私も読者のあなたもです。

［18］

玄①黄莫染我明②珠　　玄黄《げんこう》も我が明珠《みょうじゅ》を染むること莫《な》く
浄③鏡何夢好④与嫫　　浄鏡何ぞ夢みん　好《こう》と嫫《ぼ》と
不覚重⑤輪塵⑥刹海　　覚《おぼ》えず　重輪と塵刹《じんせつ》の海
夜来倒⑦景在珊⑧瑚　　夜来の倒景《とうけい》　珊瑚に在り

①玄黄＝⑴黒い天と黄色い地、天地。⑵美しい色。　②明珠＝仏性や自己本来の面目に喩える。『正』一顆明珠〝明珠かくのごとくの彩光きはまりなきなり〟　③浄鏡＝明鏡に同じ。　④好与嫫＝美人と醜女。　⑤重輪＝日月の外側にできる二重の光の輪。『人天眼目』〝月は重輪を帯ぶ〟　⑥塵刹＝極小の国土。『正』古鏡〝尽界は塵刹にあらざるなり、ゆゑに古鏡面なり〟　⑦倒景＝さかさまに映る光。　⑧珊瑚＝『碧』十三〝如何なるか是れ吹毛剣、珊瑚枝枝月を撐著《とうちゃく》

す〟（吹毛剣とはどんな物ですか。それは、珊瑚の枝が月を支えるように輝くような境地である）

〔口語訳〕黒や黄の天地の色でも私の明珠（本来の面目）を染めはせず　浄《きよ》い鏡はかりそめにも美人と醜女《しこめ》を区別して映しはせぬ　夜になると月は珊瑚の枝に逆《さか》さまに映り輝くのである〈門一―78〉

〔評言〕『正法眼蔵』の一顆明珠や古鏡の巻に詳説されるように、私たちの本来の面目（仏性）は、月など大宇宙大自然と一如なのです。それを詩的に象徴するなら、語注⑧に示した巴陵顥鑑《はりょうこうかん》の句（実は禅月貫休の句）の〝珊瑚枝枝月を撑《ささ》うる〟なのです。実に美しい表現です。

〔19〕

仏①祖翻②身五万回
見③成公案百④千枚
一⑤茎草立十方刹
雲⑥水不期得⑦得来

仏祖の翻身《ほんしん》　五万回
見成公案《げんじょうこうあん》　百千枚
一茎草《きょうそう》を十方刹に立つれば
雲水期せざるに　得得として来る

①仏祖＝〔13〕の語注参照。　②翻身＝迷いを翻して悟ること。『正』渓声山色〝禅師の言下に翻身の儀いまだし〟　③見成公案＝眼前にあるものが、そのまま真理であること。『正』現成公案〝このみちをうれば、この行李したがひて現成公案なり〟　④百千枚＝百千。枚は数詞。『正』菩提分法〝優曇華裏に百千枚の迦葉の破顔微笑有るなり〟　⑤一茎草＝一本の草。一草で釈尊像を造った禅話がある。『正』発無上心〝ただ一茎草を拈じて丈六金身を造作し〟　⑥雲水＝修行僧と、一茎草を育てる雲と水に掛ける。　⑦得得＝わざわざ、意気盛んに。『碧』一〝〔達磨〕遂に海に泛《うか》んで得得として来る〟

〔口語訳〕仏祖は迷身を翻して悟ること五万回　眼前のありのままの事象に真実を見ること百千度《たび》であった　一本の草で作った釈迦牟尼像を十方の国に建立すると　期待しないのに雲水たちがわざわざ参来した〈門一―79〉

〔評言〕この［19］が詠まれた頃、達磨宗の雲水を会下に加えて、宇治興聖寺の僧堂が盛んになったのが結句から想像されます。

［20］
喪①身失命報君知
換②面回頭一大③疑
玉石抛来雖不管
道④衣道⑤法道⑥心時

喪身失命《そうしんしつみょう》　君に報じて知らせ
換面回頭《かんめんかいとう》　一に大疑す
玉石抛《な》げ来り　管せずと雖《いえど》も
道衣《どうえ》道法　道心の時

①喪身失命＝求法《ぐほう》のため身命を失うこと。『正』坐禅箴〝喪身失命するとき、一図の葛藤なり〟（命を失う時、仏法正伝の意図がある）　②換面回頭＝自己の面目を如来の面目に転換すること。普遍の仏性はどう転換しても仏性であること。『正』坐禅箴〝おほよそ回頭換面の面面、これ仏仏要機なり〟　③大疑＝徹底して疑い、その疑団を究明すること。『正』自証三昧〝正に是れ宗杲疑処を究参せず脱落せず、打破せず大疑せず〟　④道衣＝道士の衣服の意味であるが、ここは袈裟であろう。　⑤道法＝仏道、仏性。『正』発菩提心〝（天子魔とは）一切の賢聖・涅槃の道法を憎嫉す〟　⑥道心＝菩提心。『正』道心〝仏道をもとむるには、まづ道心をさきとすべし〟

〔口語訳〕身命を失って雲水《おまえ》たちに真実の仏法を知らせ　自己の面目を如来の面目に転換して見性するのに、ひたすら大疑団を究明した　玉も石も投げ捨てて「我関せず」と言っても　法衣をつけ仏法を学び道心を堅持する時節である〈門一―80〉

〔評言〕前半二句は、仁治三年（一二四二）三月十八日、興聖寺で書かれた『正法眼蔵』坐禅箴の思想と深く関《かか》わっているようです。それは語注①②の用語例によって推測されます。後半二句がよく分かりません。『正法眼蔵』坐禅箴の終りに〝宏智《わんし》禅師の坐禅箴、それ道未是にあらざれども、さらにかくのごとく道取すべきなり〟（宏智禅師の坐禅箴は、その言葉が不十分だというわけではないが、さらにこのように言い表すべきである）とありますので、［20］の結句は、「衣を道《い》い法を道《い》い心を道《い》う時」と読んだ方がよかったかも知れません。「衣・法・心を道取する時、坐禅すべきである」という意味ではないでしょうか。

［21］也①大有　也大有
消②息一通古似今
有一③衆生界蔵者
拳④頭霹靂老⑤婆心

也大有《やたいう》　也大有
消息一たび通ずれば古も今に似る
一衆生界蔵有らば
拳頭《けんとう》の霹靂《へきれき》　老婆心

①也大有＝禅籍、語録に「也太奇《やたいき》」（ああすばらしい）はよくあるが、也大有は不明。ああ有る有る、という意味か。『永』一―82に、〝大悟三升、弁来して乳粥と作《な》す〟とあるので、大悟が有るという意味か。②消息＝ありさま、音信。『碧』九十六〝此の語を借りて箇の消息を通じ〟③一衆生界蔵＝一つの衆生の世界。十界のうち、仏界以外の

九界の総称。つまり菩薩・縁覚・声聞・天上・人間・阿修羅・畜生・餓鬼・地獄の九界をいう。『正』三界唯心〝三界外に一衆生界蔵を有せしむるは、外道大有経なり、七仏経にあらざるなり〟（三界の他に別に一つの衆生界があるというのは、外道大有経の中の説であって、過去七仏の説ではない）　④拳頭霹靂＝こぶしに雷がとどろくこと。『正』見仏〝親曾見仏は礼三拝なり……拳頭飛霹靂なり〟（親しく仏に見《まみ》えるということは三拝の礼をとることであり……拳に雷を轟《とどろ》かすことである）　⑤老婆心＝老婆の如く細かい世話をする慈悲心。『正』菩提分法〝喜覚支は老婆心切血滴滴なり〟

〔口語訳〕有るある、たくさん有るぞ　一たん事情に通じると（大悟すると）昔も今と同じようなものじゃ
欲界・色界・無色界の三界のほかに別の衆生界があるのなら　道元《わたし》は拳《こぶし》に雷を轟かして（仏に見《まみ》えさせる）慈悲心を起こそう〈門一—82〉

〔評言〕この『永平広録』一—82の上堂法語は、語注の①に示した語の続きに、〝十方の僧に供養す〟とあるので、結句の「老婆心」は、道元ご自身の大悟を、雲水たちに供養し与えるという意味でしょうか。ひょっとすると、起句の「也大有」は、語注③にあげた〝外道大有経〟かも知れません。只管打坐に徹しないその代わりに、せめて道元偈頌を正解したいと念じている のに、こんな詩句の袋小路に迷っている凡俗《わたし》なのです。

［22］　不①是心仏不是物
　　　不為自己不②為人
　　　莫教汝等少知及
　　　海裏春秋有海③神

不是《ふぜ》心仏なり　不是物なり
不為《ふい》自己なり　不為人なり
汝等をして　少しも知及《ちきゅう》せしむる莫《な》し
海裏《かいり》の春秋　海神有り

①不是心仏不是物＝心でもなく仏でもなく、また物でもない。何ものにも執らわれないこと。『正』栢樹子〝祖師西来意……不是心なり不是仏なり不是物なり〟　②不為人＝他人の為に説法しない。『無門関』二十七〝如何なるか是れ人の為に説かざる底の法」。泉云く、「不是心、不是仏、不是物」と〟　③海神＝『碧』六〝海神貴を知りて価を知らず〟（自己の中に仏性を有しながら、その尊さを知らない）の喩え。

〔**口語訳**〕真の仏法は心でもなく、仏でもなく物でもなく　真の仏法は自分の為のものでなく、人の為に説くものでもない　雲水《おまえ》たちに全く知らせることはできぬ　海の中の春秋は海神が居て知っている（自己本来の面目は自己だけが見るのである）〈門一―83〉

〔**評言**〕起・承句は対句で、承句は先学と違った解釈をしました。結びの海の句が唐突なようですが、この結句によって、この偈頌は文学的に？　引き締まっています。もしかすると、『無門関』二十七の、〝任従《たとい》滄海変ずとも、終に君が為に通ぜず〟が道元の念頭にあったかも知れません。想像をたくましくしますと、心地覚心（法燈国師）は宝祐二年（一二五四）に無門慧開の木像を持って帰朝しましたが、そのまえの仁治三年（一二四二）に、興聖寺の道元から菩薩戒を受けています。この［22］の偈から、そんな関《かか》わりを連想するのです。

［23］

人人修[1]道力行[2]治　　人人《にんにん》道を修め　行治《ぎょうち》に力《つと》む
此[3]力条[4]条自在期　　此の力　条条自《みずか》ら期《ご》に在り
日日祇陪人[5]事過　　日日祇《た》だ　人事《にんじ》に陪して過ぎなば
山[6]林那見道成時　　山林那《なん》ぞ　道の成《じょう》ずる時を見ん

①修道＝仏道修行。『正』山水経〝十二年の修道おほく山にあり〟　②行治＝不明。行持と同じか。　③此力＝修道行持の力。『正』行持上〝行持力みづからよろこばるるなり〟　④条条＝一つ一つ。『正』見仏〝かくのごとくの仏儀、もとよりこの七種の行処の条条よりうるなり〟　⑤人事＝寺院での挨拶。『正』行持上〝人事たえて見聞せず〟（世間と全くかかわりなく）　⑥山林＝『正』行持上〝八旬の仏寿にいたるまで、なほ山林に行持し〟（釈尊は八十歳になるまで山林で修行なさり）

〔口語訳〕人々は仏道を修行しその持続に努め　この努力の一つ一つは自分で期さなければならぬ　一日一日をただ世間との付き合いに過ごしていたら　どうして仏道成就の時を見ることができようぞ〈門一―85〉

〔評言〕『正法眼蔵』行持は仁治三年（一二四二）四月五日に書かれています。上堂法語の配列と考え合わせますと、この〔23〕はその前後に詠まれたのではないでしょうか。

〔24〕

臘①八
倒②踏当③胸脊骨折
山④河眩⑤転暁風吹
七⑥通八達衝天骨
体得一枚黄⑦面皮

臘《ろう》八《はち》
倒踏《とうとう》すれば　胸に当って脊骨《せっこつ》折れ
山河《せんが》眩転《げんてん》して　暁風《ぎょうふう》吹く
七通八達　衝天《しょうてん》の骨
体得す　一枚の黄面皮《おうめんぴ》

①臘八＝ここは仁治二年（一二四一）十二月八日。釈尊の成道にちなみ、臘八接心会を行う。　②倒踏＝踏み倒す。

『碧』三十六〝沙一踏に踏倒す〟（長沙景岑は仰山を踏み倒した）　③当胸＝足が釈尊の胸に当る。『永』一—88〝山僧又覚えず、一踏すれば便ち他《かれ》（釈尊）の胸に当る〟　④山河＝『正』四禅比丘〝山河をみるは如来をみるなり〟　⑤眩転＝めまい。班固「西都賦」〝目は眩転して意迷う〟　⑥七通八達＝すべてに通じる自在無礙の働き。『正』古鏡〝この玄沙の明鏡来の道話の、七通八達なるとしるべし〟（この玄沙の「明鏡来る」という言葉は、万事に通達していると知るべきである）　⑦黄面皮＝釈尊の顔面。『正』諸法実相〝天童今夜有牛児　黄面瞿曇拈実相〟

〔口語訳〕踏み倒すと（足が釈尊の）胸に当って背骨が折れ　山河は目まいを起こし暁の風が吹く（明星がまたたいた）　万事に通達して天を衝《つ》くような気骨で　釈尊の面皮を体得した（本来具有の仏性を覚った）〈門一—88〉

〔評言〕仏になりきることを〝殺仏殺祖〟と言いますが、釈尊成道の日に作ったこの［24］は、まさに釈迦牟尼仏や山河大地と一体一如になった境地を詠っています。

［25］

須①弥山道須弥山
見有拈②華自破顔
一③念百年三万日
樵④夫消息在山間

須弥《しゅみ》山《せん》　須弥山と道《い》う
拈華《ねんげ》有るを見て　自ら破顔《はがん》す
一念百年　三万日
樵夫《しょうふ》の消息　山間に在り

①須弥山＝古代インドの宇宙観では、世界の中央にある山。『永』一—89〝僧問う、「一念起こさざるに還た過《とが》有りや無しや」〔雲〕門云く、「須弥山」〟　②拈華云々＝釈尊が霊鷲山で黙って華を拈じて目を瞬くと、迦葉が破顔して、以心伝心に正法が伝わったこと。『正』三界唯心〝心これ拈華破顔なり〟　③一念＝極めて短い時間におこる心の作用。『正』

古鏡〝仏来祖来、一念万年あれども〟一念百年は相対的時間の長短を超えた絶対時間をいう。④樵夫＝木こり。
『正』恁麼〝六祖のむかしは新州の樵夫なり〟

〔口語訳〕世界の中央に在る須弥山が自分のことを「須弥山」と言った　釈尊の拈華を見て迦葉は笑って、自分で会得した　一刹那の心に百年三万六千日の心を包含し　（後に六祖慧能となった）木こりの生業《なりわい》は林の中にあった〈門一―89〉

〔評言〕起句は語注①を手がかりにしますと、須弥山と一体となった雲門文偃《うんもんぶんえん》が、須弥壇《しゅみだん》（法座）上の自己全体を、ありのままに雲水に述べたのでしょう。承転句は長く正伝している仏法が、一念のうちに現成することを述べています。結句もありのままの樵夫（人間・雲水）の生活に仏道があることを詠っていて、「山間」は興聖宝林寺だと読み取れます。

［26］

歳① 旦
春信通②和偏③界芳
東④君兀⑤兀坐雲⑥堂
枝枝花笑珊⑦瑚色
世⑧界華開是帝⑨郷

歳《さい》　旦《たん》
春信通和して　偏界芳《かんば》しく
東君兀兀《ごつごつ》として　雲堂に坐す
枝枝花笑う　珊瑚の色
世界華《はな》開くは　是れ帝郷《ていきょう》

①歳旦＝ここは仁治三年（一二四二）一月一日。②通和＝どこも和らぐ。『淮南子』〝清水通和し麦に宜し〟③偏界＝全世界。結句参照。『正』恁麼〝偏界かくるところなし〟④東君＝春を司る神。『正』恁麼〝来にあらず入にあら

ず、たとへば東君の春にあふがごとし〃　⑤兀兀＝不動の坐禅の形容。『正』坐禅儀〝兀兀と坐定して思量箇不思量底なり〃（不動の坐禅三昧に入って、思い量《はか》り得ない所を思い量るのである）　⑥雲堂＝僧堂。　⑦珊瑚＝〔18〕参照。　⑧世界華開＝一輪の開花に、全世界の春（真実世界）が現成すること。二十七祖が達磨に与えた伝法偈の第四句に〝華開世界起〃とある。　⑨帝郷＝天子のふるさと、真実の世界。『正』家常〝帝郷の春色杏華紅なり〃

〔口語訳〕春が和《なご》やかに訪れて全世界に芳香が満ち　春の神がどっしりと僧堂に坐っている　枝々では珊瑚（に輝く月光のよう）に花が咲き　真実の悟りの世界が一輪の花にありのままに現成している、それが帝郷である〈門一―90〉

〔評言〕春だけではありません、四季それぞれの雲堂の兀々坐禅がそのまま真実世界の現成なのです。では傘寿の老書生《わたし》の読書と経行《きんひん》（散歩）の生活には、「帝郷」の春は訪れないのでしょうか。

〔27〕

山①河大地野②狐窟
受③脱一④枚皮⑤肉骨
因⑥果明明非己物
鷓⑦鴣頻囀百華没

山河《せんが》大地は　野狐《やこ》の窟
受脱一枚　皮《ひ》肉骨《にくこつ》
因果明明として　己物《こぶつ》に非ず
鷓鴣《しやこ》頻《しき》りに囀《さえず》り　百華に没す

①山河大地＝森羅万象をいう。『正』仏性〝この山河大地みな仏性海なり〃　②野狐窟＝似而非（えせ）禅者の住み家。『正』大修行〝百丈の道処通方せり、然りと雖も未だ野狐の窟を出でず〃（百丈の言うことはスジが通っているが、未だえせ禅者の域を出ていない）　③受脱＝受けついだり脱却したりすること。　④一枚＝『正』大修行〝今百丈一枚の臭

皮袋あり〃　⑤皮肉骨＝皮肉骨髄と熟語して、仏祖の真面目のこと。『正』大修行〃脱野狐身の皮肉骨髄を参ぜず〃（野狐身を脱却したという真意も参究していない）　⑥因果＝原因と結果。因果の道理は仏法の根本である。『正』深信因果〃おほよそ因果の道理、歴然としてわたくしなし。〃　⑦鷓鴣云々＝『碧』七〃鷓鴣啼きて深華裏に在り〃（鷓鴣が鳴いているが、花の中なので姿が見えない）。これは雪竇の句で、相（かたち）は見えないが、仏性・因果の理（鳴声）はちゃんとあることを示している。

〔口語訳〕山河大地は（仏性海のはずなのに）野狐（えせ禅者）の巣窟となり　一枚の皮肉骨髄（正法）を受け嗣いだり脱却したりしている　因果の道理《ことわり》は明白に自己の物ではない（普遍のものである）　鷓鴣は頻りに鳴いて真理を伝えているが、その相《すがた》は百花に埋もれて見えない〈門一―94〉

〔評言〕「珊瑚」といえば巴陵顥鑑《はりょうこうかん》の句（〔18〕〔26〕参照）、「鷓鴣」といえば語注⑦の雪竇重顕《せっちょうじゅうけん》の句を凡俗でも連想します。そうせねば道元の詩意は解されません。

〔28〕

二①十年来学祖②宗
遍③参秋④菊及青松
瞻⑤風撥草欲伝道
先仏受⑥功各⑦跳封

二十年来　祖宗を学び
秋菊及び青松に遍参す
瞻風撥草《せんぷうはっそう》して　道を伝えんと欲し
先仏の受功　各《おのおの》跳封《ちょうふう》す

①二十年来＝貞応二年（一二二三）に入宋してからの二十年であろう。　②祖宗＝祖師が説いた宗旨。『正』仏教〃仏道の祖宗を相見《しょうけん》し、仏道の教法を見聞すべきなり〃　③遍参＝あまねく諸方の師家に道を求めること。『正』偏参〃遍

参はただ祇管打坐、身心脱落なり〃　④秋菊及青松＝秋の菊と青い松。有智と無智の喩。『正』恁麼〝たとひ青松の下に功夫して根源を截断せりとも、……一時の春松なる有あり、秋菊なる無あり〃（六祖慧能はたとえ青松の下で根源を断ち切ったとしても……ある時は春に松が有ることがあり、秋に菊の咲かぬこともある）　⑤瞻風撥草＝本来の風光を見、妄想の草を払いのけて正師を尋ねる。『碧』十七〝古人の行脚、交を結び友を択び、同行道伴と為して撥草瞻風す〃　⑥受功＝功徳を受けること。　⑦各跳封＝不明。それぞれ自己安住の境地をもとび超えることか。

〔**口語訳**〕道元《わたし》は二十年このかた祖師の宗風を修め　秋の菊や春の青松の春秋を遍参に費やした　妄想の荒草を撥《はら》い本来の風光（大自然の摂理、秋菊と青松）を見て仏道を伝えようとし　先仏の受けついだ功徳功夫やそれぞれの境界を跳び超えたのである〈門一―95〉

〔**評言**〕結句がわかりませんでした。道元が一夜に書写したほど打ちこんだ『碧巌録』の六十七則に、〝各自封彊を守る〃を手がかりに解釈しましたが、どうでしょうか。これは在宋時代の思い出です。

［29］
[1]人人自有光明在　　人人　自《おの》ずから光明の在る有り
[2]仏殿僧堂更莫壊　　仏殿僧堂　更に壊《こわ》るること莫《な》し
[3]且問人人何処来　　且問《しゃもん》す　人人何処《いずこ》より来る
[4]光明教有光明対　　光明は光明に対《こた》うる有らしめん

①人人云々＝『碧』八十六は「自」を「尽」とするが、ほぼ同文で、『正』光明〝人人自有光明在と道取するを、あきらかに聞持すべきなり〃（「人々にはおのずから光明が現われている」という雲門文偃の言葉を、明らかに聞きとるべき

である）　②仏殿僧堂＝『正』光明〝いはくの僧堂仏殿厨庫三門、たとひいづれの仏祖なりとも、人人をまぬかれざるものなり〟（いわゆる僧堂仏殿厨庫三門が、何れの仏祖であろうと、光明としての人々を免れることはできない）　③且問＝話題を変える時の語。さて一寸たずねるが。　④光明＝『正』光明〝人人尽有の光明は現成の人人なり〟（人々に全てあるという光明は、まさしく現に実現している人々である）

〔**口語訳**〕人々《ひとびと》には自《おの》ずから光明が現われている　（人々〈雲水〉の光明がある）仏殿や僧堂は決して壊滅することはない　　ちょっと尋ねるが「光明そのものの人々は何処から来るのか」　その問いに対しては「光明のことは、それを現成している人々の光明に答えさせよう」〈門一―97〉

〔**評言**〕凡俗の筆者は、「私は光明そのものです」とは、とても信じられません。また言えません。でも、道元禅を多少読みかじっているので、一時的には分別知によってその気分になることはあります。そういえば、阿弥陀仏のアミダは無量光という意味であり、従って、「南無阿弥陀仏」と帰依することも、〝私は光明そのものである〟と言うことになります。『正法眼蔵』光明は、仁治四年（一二四三）六月二日、梅雨が降りしきる暗夜に説かれたそうです。

〔30〕
八月一日天中節①
赤②口白舌随節滅
雲③集峰頭秋④水清
樹功草⑤料暁風悦

八月一日　天中節
赤口白舌《しゃっくびゃくぜっ》　節に随って滅す
雲は峰頭《ほうとう》に集まり　秋水清く
功を樹《た》つる草料　暁風に悦ぶ

①天中節＝日本では陰暦八月一日の日の出前に、災いを祓う札を貼る。五月五日も天中節とする。［73］［93］参照。②赤口白舌＝激しい罵りの言葉。青蘿で帖を作り、〃赤口白舌尽消滅〃と書いて門に掛けて魔除けにする。③④＝雲と秋水とで雲水。⑤草料＝⑴赤口白舌帖を作る青蘿をいう。⑵牛馬飼料の草、転じて雲水に与える棒喝のようなもの。『正』一顆明珠〃百思百不思は明明の草料をむすびきたれども〃

〔**口語訳**〕八月一日は天中節で　「赤口白舌」のお札《ふだ》も罵声も節日とともに各門戸から消えていく　雲は山頂に集まり水は清らかで（雲水が秋八月に集まり修行し）　除災の功徳のある青蘿のお札は朝風に喜んでいる〈門一―104〉

〔**評言**〕「雲水たちは道元《わたし》の厳しい接化（草料）を受持して、坐禅の功業を樹てよ」というのが、結句の趣意でしょう。「秋水」「草」「暁風」などの語から、爽快感を覚えます。

［31］　尽①方尽界一明珠
日月星辰似兎②烏
要会団③欒如不会
黒④山鬼窟好功⑤夫

尽方尽界　一明珠
日月星辰《にちげつせいしん》　兎《と》烏に似る
団欒《だんらん》を会《え》せんと要し　如《も》し会せんずば
黒山鬼窟《こくさんきくつ》も　好功夫《こうくふう》

①尽方尽界＝尽十方世界つまり全宇宙。『正』一顆明珠〃玄沙の道は尽十方世界是れ一顆明珠、用会作麼なり〃（玄沙の言葉は「尽十方世界は一箇の明珠である。会得してどうなるものか」である）　②兎烏＝月中には兎、太陽には三本足の烏が住むという伝説から、日月。『碧』五十八〃南北東西烏飛び兎走る〃　③団欒＝［6］の語注②参照。　④黒

山鬼窟＝黒い山の鬼の洞窟。分別に執らわれることの喩えだが、道元は転じて、尽十方界での自由な行動の意味に用いる。『正』一顆明珠〝ただまさに黒山鬼窟の進歩退歩、これ一顆明珠なるのみなり〟 ⑤功夫＝修行に精進すること。『正』坐禅箴〝恁麼の功夫を脱落身心といふ〟

〔**口語訳**〕全宇宙は一箇の明珠（絶対の真実）であり　日月も星辰も兎や烏のように（大自然の摂理に従って）自在に運行している　（日・月・明珠の）円《まる》い相《すがた》を会得しようとして、もし会得できないなら　黒い山中の鬼の棲《す》み家（情識に執らわれる場所）で精進修行するがよい〈門一―107〉

〔**評言**〕日々のニュースを見るまでもなく、日記で自己を照顧するまでもなく、凡俗《わたし》たちは黒山鬼窟の真っ只中にいます。しかし、日月星辰は大自然の摂理つまり因縁の道理に従って運行し、円相を現成しているのです。日月の光の届かぬ黒山鬼窟の中も、その運行に随っていることは言うまでもありません。

〔32〕

超①越従来諸仏祖　　従来の諸仏祖を超越《ちょうおつ》し
不関南②北及東西　　南北及び東西に関せず
風③雲感会喫糊④餅　　風雲感会《かんえ》して　糊餅《こびょう》を喫《きっ》し
打聖⑤打賢⑥打一斉　　聖を打《た》し賢を打し　一斉を打す

①超越＝とび越える。『正』三昧王三昧〝仏祖の極之極を超越するは、ただこの一法なり〟（仏祖の極みの極みを超えていくのは、ただこの結跏趺坐の一法だけである）　②南北及東西＝『正』摩訶般若波羅蜜〝渾《こん》東西南北般若なり〟（東西南北すべて般若である）　③風雲感会＝虎や龍も風雲に出会わないとその能力を十分に発揮できない。機根ある人物

が機会をとらえて自在になること。『従容録』二十四〝風雲際会して頭角生ず〟④糊餅＝ごま餅。『正』画餅〝糊餅すでに現成するには、超仏越祖の談を説著する祖師あり〟（ごま餅がそこに実現するには、雲門のように仏祖を超越する世界を説く祖師もいる）⑤聖＝惑を断ち理を証《さと》った者。⑥賢＝善道を修めるが、まだ断惑証理しない凡夫位の者。

〔口語訳〕（真の仏法は）これまでの仏祖を超越して　南北とか東西の方向場所は関係がない　機根のある者は時節に応じて胡麻《ごま》餅を喰い　聖者を打ち賢者を打ち皆ひとしく打ちすえる〈門一―108〉

〔評言〕起句は殺仏殺祖を詠っているのでしょう。すると最後の〝聖賢も一斉も打《た》す〟も同じ趣意です。語注に記せばよかったのですが、『碧巌録』七十七に〝餬餅𡎺《しゅく》し来たれど猶お住《や》まず〟（胡麻餅で超仏越祖を問う禅客の、質問の綻びをふさいでやったが、問者はまだ分からない）という雲門の句があります。「糊餅を喫す」は観念的言語遊びを打破することで、やはり「超越仏祖」です。

［33］

開①炉
火②炉今日大開③口
広説諸経次④第文
練⑤得寒⑥灰将鉄⑦漢
心⑧心片片目前殷

開《かい》炉《ろ》
火炉今日大いに開口し
諸経の次《し》第文《だいもん》を広説《こうぜつ》す
寒灰《かんかい》と鉄漢《てっかん》とを練得《れんとく》すれば
心心片片　目前に殷《あか》し

①開炉＝陰暦十月一日、防寒のため僧堂内に炉を開くこと。ここは仁治三年（一二四二）。②火炉＝いろり。『正』古鏡〝玄沙のいふ火炉闊多少、かくれざる道得なり〟③開口＝口を開く、説法する。『正』坐禅箴〝仏祖の道得なし、

仏祖の開口なし〃　④次第文＝不明。経文の順序か。⑤練得＝ねる。得は動詞の語尾につけ、妥当性や可能性を示す。『永』一―14〃仏祖従来練得す〃　⑥寒灰＝［8］の語注参照。⑦鉄漢＝意志の強い修行者。『正』仏性〃これは鉄漢また学道するかと問取するなり〃　⑧心心片片＝修行僧一人一人の心。『正』身心学道〃赤心片片といふは片片なるはみな赤心なり〃（赤心片々というのは、一念一念がみな裸の心ということである）

〔**口語訳**〕僧堂の炉が今日から大きく口を開いて　諸々《もろもろ》の経文を順番に広く説くのである　炉の火で冷たい灰と道心の堅い雲水とを練り上げると　一人一人の心は道元《わたし》の目前で赤裸々になるだろう〈門一―109〉

〔**評言**〕承句は〃渓声は便ち是れ広長舌〃（『正法眼蔵』渓声山色）の名句と同じく、火炉が無言のうちに仏法の真実を説くことの譬喩でしょう。

［34］

為①亡僧慧顗　　亡僧慧顗《えぎ》の為に
巻②却娑③婆皮一枚　　娑婆《しゃば》の皮一枚を巻却《けんきゃく》すれば
万④年一念直須灰　　万年一念　直《た》だ須《すべか》らく灰なるべし
箇中仏祖競⑤頭現　　箇中に仏祖　競頭《きょうとう》して現じ
閻⑥老業⑦鬼作仏来　　閻老《えんろう》・業鬼《ごうき》　仏と作《な》り来る

①為亡僧慧顗＝死亡した弟子僧の慧顗（経歴不明）の供養のための上堂法語。②巻却＝巻《ま》いてしまう。『碧』五十三〃百丈出でて拝蓆を巻却す〃　③娑婆＝忍土。現世の俗界。『正』他心通〃国師もとより娑婆世界を国土とせり〃　④万年一念＝万年という長時間も一念におさまる。長短の相対を離れた絶対の境地。『碧』七十〃快人の一言、快馬の一

鞭、万年一念一念万年〟［25］の転句参照。⑤競頭＝先頭を争う。『碧』二十八〝衲僧今古競頭して走る〟 ⑥閻老＝閻魔王。冥界を支配し、衆生の悪業の恐ろしさを知らす。地蔵菩薩の化身とも言われる。⑦業鬼＝餓鬼界の主。『平家物語』〝常に業鬼に随い、我を繋縛す〟

〔口語訳〕娑婆世界の皮を一枚巻いてしまって冥界に入ると　万年一念の絶対境も直ちに灰になってしまう　こういう只中に仏祖は先を争って現われ　閻魔も業鬼も仏となってやって来る〈門一―110〉

〔評言〕亡き修行僧に〝生死即ち涅槃と心得べきこと〟（『正法眼蔵』生死）を説いているようです。道元も生死輪廻や業報思想を信じていたのでしょうか。

［35］

為亡僧僧海①首座②　　亡僧僧海首座《そうかいしゅそ》の為に

夜来僧海枯③　　夜来　僧海枯《か》れ
雲水幾嗚呼　　雲水　幾《ほと》んど嗚呼《ああ》なり
徹④底汝雖見　　底に徹して　汝見ると雖も
満胸涙鏁湖　　胸に満つる涙　湖を鏁《とざ》す
昨拈一払打魂魄　　昨　一払《いっぽつ》を拈じて魂魄《こんぱく》を打《た》し
一⑤語臨行不待蘇　　一語行に臨んで　蘇《そ》を待たず

①僧海＝『三祖行業記』によると、道元嗣法の高弟の一人だったが、二十七歳で死没。『延宝伝灯録』巻七に彼の遺偈と、道元の弔偈があるが、［35］の後半は字句が異なる。②首座＝六頭首の一で、禅林で第一位の僧。③枯＝示寂。

僧海の縁語として用いる。　④徹底＝底まで。『正』王索仙陀婆〝南泉水を索むるに、徹底海枯る〟（南泉が鄧隠峰に水を求めたとき、海水が枯れて底が見えていた）　⑤一語＝生死事大を表現する一語。『正』心不可得〝むかしよりいまだ一語をも道著せざるを、その人といふこといまだあらず〟（昔からまだ一大事の一語を説いたことのない人を、仏道者と言うことはない）。ここは引導の語か。

〔口語訳〕昨夜、僧海首座は示寂し　雲水は殆んど皆歎き悲しんだ　湖の底までも僧海《おまえ》を探し相見しようとしたが　胸にあふれる涙で湖を鎖《とざ》して見られなかった　昨日払子《ほっす》を持って僧海の魂を打ち　一語を与えて死出の旅路に臨んだが、蘇生は期待しなかった〈門一―111〉

〔評言〕句末の枯・呼・湖・蘇は上声九虞の脚韻をふんでいます。第五・六句は通夜あるいは葬送の一場面でしょう。道元は死後の魂魄の存在を信じていたようです。

〔36〕

為僧海首座又
一①見老僧非旧面
生前未出一叢②林
風寒菓落換③頭脳
水沫為身雲是心

僧海首座の為に又
老僧を一見してより　旧面に非ず
生前未だ一叢林《そうりん》を出《いで》ず
風寒く菓落ち　頭脳を換《か》うれど
水沫《すいまつ》　身と為《な》り　雲是れ心

①一見老僧云々＝『永』一―112〝趙州道《いわ》く、「老僧を一見して後、更に是れ別人ならず」と〟　②叢林＝禅僧が修行する道場。ここは宇治興聖寺をさす。『正』坐禅箴〝十方の叢林に経歴して一生をすごす〟　③換頭脳＝起句の「旧面」

を換えること。本来の面目に立ちかえること。『趙州録』中〝頭を転じ面を換うこと莫かれ、即ち失却せん〟

〔口語訳〕僧海は道元《わたし》と相見してから面目を一新し本来の自己を覚って　彼は生前に一度もこの興聖寺の道場から出なかった　風は冷たく木の実は落ち頭脳を転換（して因果の理を会得）したが　僧海の身心は水沫や雲の如く消えてしまった〈門一―112〉

〔評言〕転句は、語注の『趙州録』によって、従来の先学の解釈を改めました。

［37］

仏①仏正伝仏仏　　仏仏《ぶつぶつ》は　仏仏に正伝す
此中必有三②物　　此の中に　必ず三物《さんもつ》有り
驢③胎馬④腹牛⑤皮　　驢胎《ろたい》・馬腹《ばふく》・牛皮《ぎゅうひ》
這⑥裏現成払⑦払　　這裏《しゃり》に　払払《ふつふつ》を現成《げんじょう》す

①起句＝『正』嗣書〝仏仏かならず仏仏に嗣法し、……仏仏正伝の道にあふといへども〟　②三物＝『室中三物秘伝』によると、仏法正伝の時に、師家から授けられる嗣書・大事・血脈の三つのこと。ここは転句に示される三つをいうか。また、仏法僧の三宝。　③驢胎＝ろばの胎。『法句譬喩経』によると、三宝に帰依して初果を得た帝釈天は、死後に驢胎から再誕したという。『正』帰依三宝〝天帝いそぎ世尊のみもとに詣す。伏地のあひだに命終し、驢胎に生ず〟　④馬腹＝衆生済度のため、畜生に生まれかわろうと馬の腹中に入ること。『鉄笛倒吹』〝もし凡聖情念を徹底して尽くさんと要せば、直に箇の驢胎馬腹の裏に投入し去りて始めて得べし〟　⑤牛皮＝経典の装幀に用いる牛の皮。『従容録』三〝看経那《なん》ぞ牛皮を透るに到らん〟（経を読むのに牛皮を透るほど、経文に眼を奪われてよいのだろうか）　⑥這裏＝こ

の中。つまり驢胎の中の帝釈天、馬腹の中の衆生済度の者、牛皮の中の経典。⑦払払＝⑴風が動くさま。⑵あるがままの相《すがた》。『碧』二十七〝雪竇の意は只だ一境と作《な》す。如今眼前、風払払地〟（雪竇の言葉は、ただありのままの境地をうたっている。いま目の前に、風がそよそよと吹いている境地である）。なお、起句の仏仏と同音で興趣がある。

〔口語訳〕仏から仏へと仏法は正伝していく　この中には必ず嗣書・大事・血脈の三つの物がある　（三つの物といえば）ろばの母胎・馬の腹・牛皮があるが　この中にも仏法がありのままに現成しているのである〈門一―114〉

〔評言〕二種類（いや三種類かも）の「三物」や、それに同音の「仏仏」と「払払」を重ね合わせるなど、懸詞的な興趣が味わえます。語注をしっかり読んで下さるようお願いします。

〔38〕

冬①至

年年加一三②陽一
非旧非新功転深
佳節佳辰千万化③
噇④眠喫⑤飯起於今

冬《とう》至《じ》

年年一を加う　三陽の一
旧に非ず新に非ず　功転《うた》た深し
佳節《かせつ》佳辰《かしん》　千万の化《け》
噇眠喫飯《とうみんきっぱん》　今より起る

①冬至＝ここは仁治三年（一二四二）十一月二十二日。②三陽＝一陽の冬至、二陽の十二月、三陽の正月をいう。『正』眼睛〝いま綿綿なる一陽三陽、日月長至、連底脱落なり〟③化＝教化。『六祖壇経』〝長く両脚を伸べて臥し、他人を化せんと欲擬す〟④噇眠＝眠をむさぼる。『碧』二十二〝巌頭喝して云く、「噇眠し去れ」〟⑤喫飯＝飯をくう。

『正』家常〝先師古仏……示衆するにいはく、「飢来れば喫飯し、困じ来れば打眠す」〟

〔口語訳〕毎年一が加わるのは「三陽の一」の冬至からだ　（冬至は一陽来復なので）旧年ではなく新年でもなく
修行功夫はこの日から次第に深くなる　めでたく佳《よ》い日はさまざまな教化があるが　よく眠り飯を喰う日常
修行が冬至の今日から始まる〈門一―115〉

〔評言〕騰々兀々の日常修行を詠っている。

[39]

正① 元

恒②沙諸仏舞三③台
遍界南枝華④忽開
忻得東君通管⑤籥
春⑥雲春水与⑦時来

正《しょう》元《げん》

恒沙《ごうしゃ》の諸仏　三台を舞い
遍界の南枝　華忽《たちま》ち開く
忻得《きんとく》す　東君管籥《とうくんかんやく》に通じ
春雲春水　時と与《とも》に来る

①正元＝正月元旦。ここは仁治四年（一二四三）。　②恒沙諸仏＝ガンジス河の砂のように無数の仏。『法華経』法師品〝是の師に随順して学ばば、恒沙の仏を見たてまつることを得ん〟　③三台＝⑴曹操が建てた銅雀台・金虎台・氷井台。⑵詞曲の名。この題で韋応物や王建等が作詞する。韋応物「三台詩」〝一年一年老い去り　明日後日花開く〟　④華忽開＝真実の悟りが現成する喩え。[26]の語注⑧参照。　⑤管籥＝⑴かぎ、⑵ふえ。　⑥春雲春水＝ここは正月元旦の雲水たち。　⑦時＝適切なよい時節。『正』帰依三宝〝昼夜に三宝の宝号をききたてまつること、時ともにして不退なり〟

〔口語訳〕無数の仏たちが正元の日に三台の曲を舞い　全世界の南枝に突然花が開いて真実の世界が現成した
喜ばしいことに春の神は笛が巧みで（鍵で道を開通して）　春雲春水のように雲水が時節に応じて集まって来た
〈門一―116〉

〔評言〕「舞三台」「華開」「東君」の笛、「春雲春水」の優雅な語を連ねて、新年の修行を「忻得」しています。

〔40〕

結①夏

吾結衲②僧布③袋頭
宝④林拈得弄皮⑤毬
趯⑥来仏祖尽無数
留与叢⑦林牧⑧馬牛

結夏

吾れ衲僧《のうそう》の布《ふ》袋頭《たいとう》を結び
宝林拈得《ねんとく》して　皮毬《ひきゅう》を弄《ろう》す
仏祖を趯来《てきらい》して　尽《じん》無数
留《とど》めて叢林を与え　馬牛を牧《ぼく》せしむ

①結夏＝〔11〕参照。ここは寛元元年（一二四三）四月十五日。②衲僧＝破衣を着た僧、禅僧。『正』阿羅漢〝而今の本色の衲僧〟　③布袋＝布の袋。布袋《ほてい》和尚の契此《かいし》ではない。結制安居をはじめることを結布袋という。④宝林＝京都市伏見区深草宝塔寺町にあった観音導利興聖宝林寺。ここは道元の自称。⑤皮毬＝不明。皮製のまり。皮袋（修行の足りぬ雲水）と同義に用いるか。⑥趯来＝おどり来る。⑦叢林＝〔36〕参照。⑧牧馬牛＝不明。牧牛は悟後の修行をいう。『碧』六〝我が首座は牧牛す〟

〔口語訳〕私は雲水を布袋《ぬのぶくろ》に入れてその口を結んで（僧堂に閉じこめて）夏安居《げあんご》をはじめ　袋をつかんで未熟な雲

水たちを自在に転《ころ》がし鍛える　　すると仏祖を跳り越えて無数に来たので　　宝林寺僧堂に留めて悟後の修行をさせるのである〈門一―118〉

〔評言〕悟りは修行の終点ではありません。悟前の坐禅も悟後の坐禅も一如です。修証一等です。

［41］

涅①槃会

少雨多風月似彎②
落③華流水一団繝④
瞿⑤曇夜半現神⑥変
方⑦語円⑧音唱涅⑨槃

涅《ね》槃会《はんえ》

少雨多風　月は彎《わん》に似て
落華流水　一団繝《だんらん》なり
瞿曇《くどん》は夜半に　神変《しんぺん》を現ず
方語《ほうご》円音《えんおん》　涅槃を唱《とな》う

①涅槃会＝釈尊入滅の日に行う法会。ここは仁治四年（一二四三）四月十五日。なおこの翌日、寛元元年と改元された。　②彎＝引きしぼった弓、彎月は三日月。　③落華流水＝落花と流水で、釈尊の親密な言葉の象徴。『正』密語〝雪竇師翁、衆に示して曰く、「世尊密語有り、迦葉覆蔵せず。《一夜落華の雨、満城流水香ばし》」と〟　④団繝＝［6］の語注②参照。　⑤瞿曇＝釈迦族の姓だが釈尊その人をさすことが多い。『正』梅華〝尽界は瞿曇の眼睛なり〟　⑥神変＝ふしぎな変化。『正』神通〝仏道に身上身下の神変神通あり〟　⑦方語＝不明。方言のことか。釈迦族の言語であろう。あるいは漢訳仏典の方形の漢字か。　⑧円音＝円満具足の音声。『楞厳経』〝願仏哀愍、円音を宣示す〟　⑨涅槃＝ここは『大般涅槃経』の〝もろもろの事象は過ぎ去るものである。怠らずに修行を完成せよ〟という意味の釈尊の言葉をいうか。あるいは雲水の種々の音声の『涅槃経』の読経か。

〔口語訳〕雨少なく風がよく吹く今夜、月は彎弓のようで　花は散り水は流れて（無常の中に仏法は蔵《かく》れることなく現われて）円満である　釈尊は夜半に（沙羅双樹が白く変わるなど）不思議な変異を現成なさって　そして釈迦族の円満具足のお声で涅槃に入る仏勅《おことば》（『涅槃経』）をお宣《の》べになった〈門一―121〉

〔評言〕私たち凡俗も、釈尊最後の仏勅（語注⑨）から、無常感を深めて無常観を明らめ、天寿を全うするまで、正法を求め続けたいものです。そういう日々に充足感を覚えます。

〔42〕

閉①炉　　　閉《へい》炉《ろ》

看看興②聖一紅炉　　看《み》よ看よ　興聖の一紅炉《こうろ》を
尽③界十枚合作④模　　尽界十枚　合して模《も》を作《な》す
生活練⑤成諸仏祖　　生活して　諸仏祖を練成《れんせい》し
今朝授⑥手点茶⑦糊　　今朝授手して　茶糊《さこ》を点ず

①閉炉＝僧堂の炉を閉じる行事。ここは寛元元年（一二四三）三月一日。②興聖＝観音導利興聖宝林寺。〔40〕の宝林。③尽界十枚＝尽十方界、全世界のこと。④作模＝ものまね。『正』神通〝真法は無相なり。你、祇麽幻化の上頭に模を作し様を作す〟（真の仏法は姿形がない。お前はただ幻術師の所作に、様々な妄想を描いているにすぎん）⑤練成＝練り上げる。〔33〕転句の⑦練得を参照。⑥授手＝手ずから授ける。『正』法性〝仏仏祖祖、正伝授手して〟⑦茶糊＝茶とかゆ。

〔口語訳〕よく見たか、興聖寺の赤かった炉を　全世界を合わせて手本となっていたのだ　火炉はよく働いて

諸仏祖を練り上げたので　閉炉する今朝、興聖《わたし》自身で（火炉で）茶と糊を煮るのである〈門一―122〉

〔評言〕雲水は火炉の煖によって仏祖に練成されたのです。興聖寺住持の道元は、その火炉の労に報謝のために、手ずから茶糊を調え、雲水にたべさせるのでしょう。

〔43〕　観①音菩薩出頭来　　観音菩薩　出頭し来り
大②地山河不死灰　　大地山河　死灰《しかい》ならず
常念須知三月裏　　常に念じ　須《すべか》らく知るべし三月の裏《うち》
鷓③鴣啼処是華④開　　鷓鴣《しゃこ》啼《な》く処　是れ華開く

①観音菩薩＝『正』観音 〝観音を参学せんとおもはば、雲巌・道吾のいまの道也《どうや》を参究すべし〟　②大地山河＝〔27〕の語注①参照。『正』観音 〝与山河大地同参なりといへども、なほこれ許多手眼の一二なるべし〟（観音は山河大地と同参であるが、なお多くの手眼の中の一二に過ぎないであろう）　③鷓鴣＝〔27〕の語注⑦参照。　④華開＝真実世界が現成する喩え。〔26〕の語注⑧参照。

〔口語訳〕（大慈大悲の）観音菩薩がおいでになると　大地も山河も死んだような冷たい灰ではなくなる　常に観音を念じて知らねばならぬのは「三月になると　鷓鴣が鳴き花が開いて真実世界が現成すること」である〈門一―123〉

〔評言〕道元は『正法眼蔵』観音で、〝観音は如来に配属されているのでなく、如来の働きの面が観音である〟と説いているのですが、この二十八字に景情一致の境がよく表現されています。

[44]

春①功不到処　　春功　到らざる処
枯②樹復生華　　枯樹《こじゅ》　復《ま》た華を生ず
九③年人不④識　　九年　人識《し》らず
幾度過流⑤沙　　幾度か　流沙《りゅうさ》を過《よぎ》る

①春功＝春のはたらき。達磨が梁武帝に言った「無功徳」の語をふまえるか、次の②の用例文参照。 ②枯樹＝枯れ木。『碧』二一〝枯木再び花を生ず　達磨東土に遊ぶ〟 ③九年＝達磨の面壁九年をいう。『正』行持下〝嵩山に掛錫すること九年なり〟 ④不識＝単に知らないの意味でなく、思慮分別を超絶した境地をいう。『正』行持下〝朕に対する者は誰ぞ。又曰く、不識〟 ⑤流沙＝中国西北の沙漠地帯、沙河ともいう。

〔口語訳〕春が働かない所でも　枯れ木に花が咲く（煩悩が消滅して本来の面目が現われる）　達磨の面壁九年は　誰も識《し》らず（思慮分別を絶しており）　達磨は何度も西域の沙漠を通ったのである〈門一―124〉

〔評言〕『景徳伝灯録』巻三によると、達磨寂滅して三年後、魏の宋雲は西域の葱嶺（パミール）で、草履の片方を手にさげた達磨に出会ったといいます。それが結句です。初祖の西来のお蔭で、安楽の法門の坐禅が、東へ東へと正伝し枯れ木に花が咲くように、正法が花開いたのです。

[45]　未移一歩拝三①台　　未だ一歩を移さざるに　三台を拝し

久鎖玄[2]関今豁[3]開
坐[4]断葛[5]藤千百万
万[6]機倶透起風雷

久しく玄関を鎖《とざ》せど　今豁開《かっかい》す
葛藤《かっとう》を坐断《ざだん》する　千百万
万機《ばんき》倶《とも》に透《とお》りて　風雷を起こす

①三台＝［39］の③参照。『永』十―偈頌30〝石女をして三台を拝せしむること勿れ〟　②玄関＝仏道の入口の幽妙な関門。『正』深信因果〝金鎖玄関留むれども住せず〟　③豁開＝からりと開く。『碧』十八〝一時に戸牖を豁開して八面玲瓏〟　④坐断＝(1)徹底的に坐る。(2)差別の相を坐破して平等一如の境になる。『碧』二十〝得失是非、一時に坐断して灑灑落落として始めて些子に較《あた》れり〟　⑤葛藤＝まつわりつく分別言語。『正』神通〝この問処に用葛藤を学すべし、葛藤断を学すべし〟（この問い方について、様々な面から学ぶがよい。又逆にすべての言語分別を断ち切ることを学ぶがよい）　⑥万機＝すべての心のはたらき。『正』菩提分法〝万機の身心すなはち仏祖の身心なり〟

〔**口語訳**〕身体はまだ一歩も外に出ないのに、三台を拝して舞い　長く玄関を鎖《とざ》していたが、今その仏道の関門を豁然と開いた　千百万の分別言語を坐禅で断ち切って　すべての心の機《はたらき》が透《す》き通って風雷を起こす勢いである〈門一―125〉

〔**評言**〕起句は語注①の『永平広録』の句や、道元が如浄より授けられて持ち帰った『宝鏡三昧歌』の、

本人方《まさ》に歌い、石女起ちて舞うは、情識の到るに非ず、寧《なん》ぞ思量を容れんや。

とを考え合わせますと、天真自由の妙用を詠っているのでしょう。

［46］　白[1]也未篩四五升　　白きも也《ま》た未だ篩《ふる》わず　四五升

再三一②合始伝灯　　再三一合し　始めて灯《とう》を伝う

華③開五葉夜④間錦　　華開く五葉　夜間の錦

図⑤俗図人図是僧　　俗に図《ず》し人に図し　是の僧に図す

①白也云々＝『永』一―126 〝白きも也た未だ篩うこと有らず〟（白く搗《つ》いた米も、まだふるってはいない）　②一合＝ぴったりかなう。『正』恁麼 〝六祖、箕《み》にいれる米をみたび簸《あお》る。このときを師資の道あひかなふといふ〟　③華開五葉＝［11］の語注④参照。　④夜間錦＝人に知られずに夜に錦の衣を着ること。六祖慧能が夜中に五祖の衣鉢を持って南に帰ったことをさす。　⑤図俗云々＝不明。図は、はかる、期待する。『正』坐禅箴 〝坐禅より向上にあるべき図のあるか、坐禅より格外に図すべき道のいまだしきか、すべて図すべからざるか〟

〔口語訳〕臼《うす》で米を白く搗《つ》いたがまだ四五升しか篩《ふる》わず　二度三度米を篩って、五祖弘忍《ぐにん》と慧能とはあい契《かな》って法灯を伝えた　法《ダンマ》の華は達磨から五代の後に開いたが、夜の錦のように人は知らなかったのである　（五祖弘忍も道元《わたし》も）俗人に期待し世人に期待し是《こ》の僧（雲水《おまえ》）に伝灯を期待する〈門一―126〉

〔評言〕結句を解しかね、先学の注釈書を渉猟しましたが納得できませんでした。雲水への上堂法語であることを思い、語注⑤の用例によって、筆者なりの解釈をしました。「是の僧」というのは、『六祖壇経』にいう〝十僧〟のみならず、道元の目前の興聖寺雲水としましたが、どうでしょうか。

永平広録巻二

［47］

晩①間

我宗唯語②句
眼口競③頭開
拈④出為⑤人処
驢⑥胎与馬胎

晩《ばん》間《かん》

我が宗は　唯《た》だ語句のみ
眼口《げんく》　競頭《きょうとう》して開く
拈出《ねんしゅつ》し　為人《いにん》する処
驢《ろ》胎《たい》と馬《ば》胎《たい》なり

①晩間＝晩の上堂。『碧』四〝潙山晩間に至り首座に問う〟　②語句＝『永』二―128〝徳山は衆に示して云う、「我が宗は語句無し」……若《も》し是れ丹霞ならば、即ち然らず、「我が宗は語句有り」〟　③競頭＝［34］の語注⑤参照。　④拈出＝とり出す。語句を提示する。『正』祖師西来意〝釈迦牟尼仏の正法眼蔵を拈出して、覰破すべし〟　⑤為人＝修行者を指導すること。『正』古鏡〝為人のちからは仏祖の骨髄なり〟　⑥驢胎与馬胎＝［37］の語注③④参照。

〔**口語訳**〕わが仏法の根本はただ言語だけである　文字を読む眼や語句を説く口を、先を争うように開くのである　語句をとり出して雲水を導くため　驢と馬の胎内に入る（進んで六道輪廻する）のである〈門二―128〉

〔**評言**〕只管打坐せずに、文字言語の読解に明け暮れしている筆者には、この上もなく有り難い偈ですが、結句の衆生済度に帰着せねばならないのを、銘記しなければなりません。

［48］

臘①八成道会

落②草六年老③作家
夜④来不覚入梅⑤華

臘八成道会《ろうはちじょうどうえ》

落草六年の　老作家《さっけ》
夜来覚えず　梅華に入る

春風⑥酙耐箇中起
紅白枝枝謾自誇

春風酙耐《はたい》にして　箇中より起り
紅白の枝枝　謾《みだ》りに自ら誇る

①臘八成道会＝［24］参照。　②落草六年＝師家が衆生の中に身を落として修行し教化することが六年。『正』菩提分法〝このゆゑに落草六年、花開一夜なり〟　③老作家＝老練な師家。ここは釈尊のこと。　④夜来＝昨夜から。『唐詩選』孟浩然「春暁」〝春眠不覚暁　処処聞啼鳥　夜来風雨声　花落知多少〟　⑤梅華＝梅の花。ここは悟り。『正』梅華〝瞿曇眼睛を打失する時、雪裏の梅華只だ一枝〟　⑥酙耐＝心が静かでないこと、がまんできないこと。

〔**口語訳**〕衆生の中に六年間も身を落とした老作家の釈尊は　昨夜から知らぬ間に梅華の中に入った（開悟成道した）　春風はじっとしておれずにこの梅華の中から起って　紅白の花が枝々で誇らしげに咲いている〈門二―136〉

〔**評言**〕臘八成道会に、語注⑤の天童如浄の偈と、語注④の孟浩然の名句を織りこんで、雲水たち（紅白枝々）の精進を賛えています。

［49］

謝監①寺

已②鼻両③年三七月
算来六百有余日
許④多労　謝叉⑤手
更把蒲団功不失

監寺《かんす》に謝す

已鼻《いび》　両年三七月
算《かぞ》え来れば　六百有余日
許多《こた》の労　謝して叉手《しゃしゅ》す
更に蒲団を把《と》り　功を失《うし》なわず

①監寺＝監院。寺院の一切の事務を総監する。『正』安居〝此には法蔵周円す。皆某監寺人等の法力の相資《たす》くることを謝す〟　②巳鼻＝不明。イビと読むか。鼻（はじめ）から巳（おわる）までの期間の意か。巴鼻《はび》か？　③両年三七月＝二年にわたり二十一箇月。　④許多＝多くの。『正』観音〝手眼すでに許多といふ〟　⑤叉手＝［6］の語注④参照。

〔口語訳〕監寺《あなた》は就任して前後二年、二十一箇月　日を数えると六百余日も勤めた　多くの労苦に叉手して感謝いたす　（監寺の要務の上に）更に座蒲で打坐して功夫を重ねていた〈門二―137〉

〔評言〕結句に道元の謝意の真面目が表われています。

［50］

謝典座①

雲②門三③昧現塵④塵
能転食⑤輪兼法⑥輪
満桶担来教満鉢
世尊授⑦記用来新

典座《てんぞ》に謝す

雲門の三昧　塵塵《じんじん》に現じ
能《よ》く食輪《じきりん》と法輪とを転ず
桶《つう》を満たして担来《たんらい》し　鉢を満たしめ
世尊の授記　用い来って新たなり

①典座＝禅院で衆僧の食事を掌る役僧。『永』二―138〝我が日本国寺院の典座の法は、大仏（＝道元）初めて伝う〟道元は『典座教訓』を著わす。　②雲門三昧＝雲門文偃（八六四―九四九）は、一微塵の中に三昧が入ることを説いた。『碧』五十〝僧雲門に問う、「如何なるか是れ塵塵三昧」。門云く、「鉢裏の飯、桶裏の水」〟（僧が雲門に問うた、「一微塵の中に広大な宇宙が含まれるという境地はどんなものですか」。すると雲門は「鉢の中の飯、桶の中の水じゃ」と答

えた） ③三昧＝精神を統一した禅定のこと。『正』三昧王三昧〝結跏趺坐これ三昧王三昧なり〟 ④塵塵＝一切の事象。 ⑤食輪＝食を満たすこと。『円悟心要』上〝法輪未だ転ぜざるに、食輪先《ま》づ転ず〟 ⑥法輪＝〔13〕の語注②参照。 ⑦授記＝仏になることの予言。『正』授記で道元は、授記とは一切衆生をあらしめている根拠であると述べている。

〔口語訳〕雲門の禅定の境地は一切の事象に現成しており（理屈ぬきの事事無礙《じじむげ》法界で） 一切衆僧の食を満足させて仏法を説いている それは桶《おけ》を一ぱいにして担《にな》ったり、鉢盂を満たす（という典座の仕事の中にあるのであって） 世尊の「あなたは将来仏に成る」という予言はいつも鮮やかに典座《あなた》に用《はたら》いているのである〈門二―138〉

〔評言〕「仏に成る」という予言（授記）は、何も稀少のものではなく、典座のありのままの仕事（会社員の日常勤務など）の中に、事事無礙に現成していることを、自覚し感謝して暮らしたいものです。鈴木正三（一五七九―一六五五）も『四民日用』で同様の趣旨を説いてます。もちろん、利潤追求の会社づとめを肯定するものではありませんが――。

〔51〕 呑①尽一切仏祖　一切の仏祖を呑尽《どんじん》し
尚借鼻②孔出気　尚《な》お鼻孔《びくう》を借りて気を出《いだ》す
迦③葉当年破④顔　迦葉《かしょう》の当年の破顔
至今猶⑤未瞥⑥地　今に至り猶《な》お未だ瞥地《べっち》ならず

①呑尽＝みな呑んでしまう。『正』都機〝万象おのづから月光を呑尽せるがゆゑに〟 ②鼻孔＝鼻のあな、本来の面目。『正』菩提分法〝この三十七品菩提分法、すなはち仏祖の眼睛鼻孔なり〟（この菩提《さとり》のための三十七の徳目は、仏祖の目

玉であり鼻の穴である） ③迦葉＝仏の十大弟子の第一で、頭陀《ずだ》第一といわれる。 ④破顔＝笑うこと。『正』菩提分法〝正定道支は……優曇華《うどんげ》裏に百千枚の迦葉の破顔微笑有るなり〞（正定道支は……優曇華の中に百千人の迦葉がいて、破顔微笑していることである） ⑤猶＝『操觚字訣』三〝猶ハマダサヘト云《いう》コトバナリ。尚ハヤッパリト云コトナリ〞 ⑥瞥地＝ちらっと見ること。『普勧坐禅儀』〝瞥地の智通を獲とも〞

〔口語訳〕一切の仏祖を呑んでしまっても　やっぱり仏祖の鼻孔を借りて息を吐き出す　迦葉尊者が昔、破顔微笑して仏法を正伝したことは　即今《そっこん》只今でもちらりではなく、ありのまま全部現成している〈門二―141〉

〔評言〕「瞥地」は、（はっきり全部でなくチラリと見ること）です。それを「猶未」と否定することは、全肯定（事事無礙法界）であると解しました。こんな語句の解釈に拘《こだ》わっている凡俗《わたし》なのです。

〔52〕

歳①朝

大②吉歳朝喜坐禅
応時納祐③自天④然
心心慶⑤快笑春面
仏仏牽⑥牛入眼前
呈瑞覆山盈尺雪
釣⑦人釣己釣⑧漁船

歳《さい》朝《ちょう》

大吉の歳朝　坐禅を喜び
時に応じ祐《ゆう》を納む　自《おのずか》ら天然なり
心心慶快《けいかい》にして　春面を笑い
仏仏牽牛《けんぎゅう》して　眼前に入る
瑞を呈《しめ》し山を覆《おお》う　尺《しゃく》に盈《み》つる雪
人を釣り己《おのれ》を釣る　釣漁船《ちょうぎょせん》

①歳朝＝正月元旦。ここは寛元四年（一二四六） ②大吉＝非常にめでたいこと。 ③祐＝⑴さいわい、⑵天地神明の

たすけ。④天然＝⑴自然、『正』仏教〝衆生は天然として得道せりといふにあらず〟⑵天然外道、『正』身心学道〝自然天然の邪見をならふべからず〟⑤慶快＝よろこび。『正』夢中説夢〝すなはちこれ値仏の慶快なり〟⑥牽牛＝陽気が引くこと。『史記』律書〝牽牛とは陽気の万物を牽引して之を出すを言うなり〟⑦釣人釣己＝嗣法の弟子を得、自らも本来の面目を得ること。『正』山水経〝むかし徳誠《とくじょう》和尚……魚をつらざらんや、人をつらざらんや、水をつらざらんや、みづからをつらざらんや〟⑧釣漁船＝魚を釣る船。『碧』二十二〝釣魚船上の謝三郎〟（魚つり舟の玄沙師備）

〔**口語訳**〕非常にめでたい元旦に喜んで坐禅し　時節に応じて幸《さいわ》いを納めるのが大自然の摂理である　雲水たちはみな喜んで新春に微笑し　諸仏は陽気に引かれて眼前に現われる　瑞光を呈《てい》して一尺以上の雪が山を覆い　魚釣り船（僧堂）では弟子を悟らせ自分も悟るのである〈門二―142〉

〔**評言**〕釣魚といえば、漁師をしていた玄沙師備《げんしゃしび》（八三五―九〇八）のほかに、船子徳誠《せんすとくじょう》（生没年不詳）も忘れられません。道元は華亭の船頭になったこの人を挙《こ》して、師資《しし》一如を年頭に詠っています。

［53］

二①月十五日
別②人面掛瞿③曇眼
拳手槌④胸空懊懊
叵⑤耐天魔⑥生⑦死魔
七⑧顛見⑨仏八顛倒

二月十五日
別人《べつにん》の面《おもて》に　瞿曇《くどん》の眼を掛け
拳手《けんしゅ》もて胸を槌《う》ち　空《むな》しく懊懊《おうおう》
叵《は》耐《たい》の天魔と　生死魔は
七顛《てん》して仏を見　八顛して倒る

①二月十五日＝釈尊入滅の日で、涅槃会を行う。『正』八大人覚〝二月十五日の夜半の極唱、これよりのちさらに説法しましまさず〟ここは寛元四年（一二四六）　②別人＝『正』十方〝眼睛、別人に木槵子《もっかんす》に換却され了れり〟　③瞿曇眼＝［41］の語注⑤の用例参照。　④槌胸＝胸をたたいて悲しみ後悔する。『碧』一〝手を換え胸を槌ち、空を望んで啓告す〟　⑤叵耐＝［48］の語注⑥参照。　⑥天魔＝欲界第六天の天子魔、仏道修行を妨げる。『正』礼拝得髄〝外道の法によるか、天魔の法によるか〟　⑦生死魔＝不明。死魔のことか。『正』発菩提心〝魔に四種有り。……死魔とは、無常の因縁の故に、相続する五衆の寿命を破し、尽く三法の識熱寿を離るるが故に、名づけて死魔と為す〟（魔には四種類ある。……死魔とは無常の因縁の故に、これ迄続いていた色・受・想・行・識の寿命が破れて、識・熱・寿がばらばらになる、これを死魔というのである）。以上は『大智度論』に拠っている。　⑧七顛＝七ころび。『正』菩提分法〝七顛也放行なり、八倒也拈来なり〟（七ころびして身を放ち、八へん倒れて立ち上がっても、信力はついてまわるのである）　⑨見仏＝⑴仏を観想すること、⑵自己の仏性を悟ること。『正』見仏〝見仏は被仏見成なり〟（見仏とは、仏から見えることが成就することである）

〔口語訳〕自分でなく別人に釈尊の目玉をつけ　拳《こぶし》で胸を叩いて釈尊の死を空しく悲しんでいる　がまんできない天魔と生死魔とは　七度八度と顚倒しても、今日の涅槃会の日に仏に見《まみえ》るのである（仏から見られるのである）〈門二―146〉

〔評言〕「瞿曇の眼」を「別人の面《かお》」につけまちがえても、また、「天魔死魔」が「七顛八倒」しても、仏の方から私たちを見て下さっているというのです。仏の大慈大悲を詠っているのです。あの『歎異抄』の悪人正機説が連想されます。この［53］のキーワードは「見仏」だと思います。深い味わいがあります。

［54］　摩[1]訶般若波羅蜜　　摩訶般若波羅蜜

物色②狸奴白牯念
正使③南泉④打破鍋
争如⑤行者下山験

狸《り》奴《ぬ》白《びゃっ》牯《こ》を物色して念ず
正に南泉をして鍋を打破せしむとも
争《いか》でか行者《ぎょうじゃ》の下山の験《し》に如かん

①起句＝［8］の①参照。『永』二―170 〝南泉入堂し、自ら白槌して云く、「請う大衆、狸奴白牯の為に摩訶般若波羅蜜を念ぜよ」〟　②狸奴白牯＝猫と牛。文字や仏法を理解できないものの喩え。『従容録』六十九 〝南泉衆に示して云く、「三世諸仏有ること知らず、狸奴白牯却って有ることを知る」〟　③南泉＝南泉普願（七四八―八三四）。馬祖道一の法嗣。④打破鍋＝南泉は甘贄《かんし》行者の請を容れて、摩訶般若波羅蜜を念誦したが、甘贄が下山したことを知ると、彼が財施した粥鍋を打破した。『景』十「甘贄行者」〝南泉却って厨内に到り、鍋子を打破す〟　⑤行者＝仏教修行者はアンジャとは読まぬ。

〔口語訳〕南泉和尚は「摩訶般若波羅蜜」と　猫や牛のような、仏法を解さぬ者をえらんで、その者の為に念誦した
たとえ南泉に（甘贄《かんし》行者が供養した）粥鍋を毀《こわ》させても　その行為は（供養の見かえりを求めずに）行者がさっさと下山した証《しるし》には及ばない〈門二―170〉

〔評言〕甘贄行者の無求無執着の真実の供養をたたえています。凡俗は、神仏礼拝や先祖供養のとき、家内安全や商売繁盛を祈りますが、そんな私心を去った礼拝供養でなければなりません。

［55］　解①夏
瞿②曇一③著九旬弄④

解《げ》夏《げ》
瞿曇の一著《いちじゃく》　九旬弄《ろう》す

信手拈来木⑤杓柄
雲水叢林⑥自恣人
果⑦如是也須相慶

手を信《の》べ拈来す　木杓《もくしゃく》の柄《え》
雲水叢林　自恣《じし》の人
如是《にょぜ》を果《は》たせば　也《ま》た須《すべか》らく相慶《あいけい》すべし

①解夏＝夏安居九十日の修行が終わる日、ここは寛元四年（一二四六）七月十五日。②瞿曇＝〔41〕の語注⑤参照。③一著＝禅体験から出た一句。『正』安居〝惜しむべし、一著を放過せることを〟（惜しむらくは一句を見逃してしまった）　④弄＝自由自在にする。『正』自証三昧〝仏法を精魂として弄すべきなり〟　⑤木杓＝木の杓。「拈木杓」は修行する喩え。『正』仏経〝あるひは経巻をえてまなこをうる木杓漆桶あり〟　⑥自恣＝安居終了の日に、安居中の見聞疑の罪を申し立てて反省する行事。『正』安居〝自恣の日に至り〟　⑦如是＝この通り。種々の解釈がある。

〔**口語訳**〕釈尊の一句の教えを九十日間、自在に参究し　自由に手を動かして木杓を持つ（修行する）　雲水は今日永平寺の僧堂で安居の終りの日を迎えた　ありのままの本来の面目を果たしたのなら、互いに慶ぶべきである〈門二―183〉

〔**評言**〕結句の「如是」は、読む人の境涯によって、意味が異なり深浅の差があるでしょう。筆者は、「如是実相」として解釈しました。相対的如是を超越して「瞿曇の一著」をありのままに参究した結果、ありのままの実相を現成したことです。在俗の私には安居も自恣もありません。せめて、〝天上天下唯我独尊〟の「瞿曇の一著」を拈弄して、独尊の我を見つめるよう努めます。

〔56〕　天童①和尚忌　　天童和尚の忌

入唐学②歩似邯③鄲
運④水幾労柴也般
莫謂先⑤師瞞⑥弟子
天童却被道元瞞

唐に入り歩を学び　邯鄲《かんたん》に似る
運水幾たびか労し　柴も也《ま》た般《はこ》ぶ
謂《い》う莫《なか》れ　「先師弟子を瞞《あざむ》く」と
天童却《かえ》って　道元に瞞かる

①天童和尚忌＝天童山景徳寺住持の如浄禅師が示寂した日の法要。ここは寛元四年（一二四六）七月十七日。②学歩（似）邯鄲＝師家の天童如浄と、弟子の道元とが一体となったことの喩え。『荘子』秋水篇〝夫《か》の寿陵の余子の歩を邯鄲に学ぶ〟（あの寿陵の若者が、都の邯鄲で歩き方を学び、故郷の歩き方を忘れた）。『正』菩提分法〝唐人赤脚、唐歩を学ぶ〟　③邯鄲＝河北省にあり、戦国時代趙の都。　④運水＝水を運ぶこと。道元はそういう日常のあるがままの行為を神通力と言っている。『正』神通〝龐居士……いはく、神通并妙用、運水及搬柴〟（龐居士……が言うに、「神通並びに妙用、水を運び柴を運ぶ」と）また『法華経』提婆達多品に、〝仙人に随って、須むる所を供給し、薪及び菓蓏を採って恭敬して与えたり〟とあり、「運水」や「般柴」は求道修行をいう。　⑤先師＝遷化した本師の尊称。ここは天童如浄のこと。　⑥瞞＝『正』梅華〝先師古仏頌して云く……親しく曽て仏に見えて相い瞞せず〟

〔口語訳〕道元《わたし》は中国に渡って歩行（仏道修行）を学んだが、それは邯鄲の若者のようであった　水や柴を運搬する求法の日常生活にどれほど努力したことだろう　その修行は「先師如浄さまが弟子《わたし》をだましたのだ」と言ってはならぬ　先師天童が逆に道元《わたし》に瞞かれたのである〈門二―184〉

〔評言〕起承句は天童山での修行の思い出で、転結句で如浄と道元との師資一如を詠っています。筆者は亡き父母兄姉の命日には誦経供養しますが、小学校以来の恩師は、命日さえ知らないのです。なお、道元が如浄に初相見したのは、宝慶元年（一二二五）五月一日でした。

永平広録巻三

［57］

懐鑑首座為先師①
覚晏道人請上堂②
哀哉昔日一団空③
悩乱眼華大地紅④⑤
血涙満胸向誰説
只憑拄杖善流通⑥

懐鑑首座《えかんしゅそ》、先師覚晏《かくあん》
道人《どうにん》の為に、上堂を請う
哀しい哉《かな》　昔日一団の空《くう》
眼華《げんげ》を悩乱して　大地紅《くれない》なり
血涙《けつるい》胸に満ち　誰に向って説かん
只《た》だ憑《たの》む　拄杖《しゅじょう》の善く流通《るづう》するを

①懐鑑＝覚晏の上足。越前波著寺の住持。仁治二年（一二四一）春、門人らと共に興聖寺の道元に参じ、永平寺首座となる。建長二年（一二五〇）（建長三年説もある）八月十三日示寂。『永』七―507に懐鑑忌辰日の上堂法語あり。②覚晏＝日本達磨宗大日能忍の弟子。③一団空＝一かたまりの虚空。道元は虚空そのものが、仏祖のいのちにほかならないと述べる。『正』虚空〝虚空一団磕著築著《かつじゃくちくじゃく》なり〟（虚空は一かたまりとなって、ぶっつかっているのである）④悩乱＝悩み乱れる。『正』出家功徳〝ひとこれを悩乱すれば、三世諸仏の報身を壊するなり〟⑤眼華＝眼を病む時に見える空中の花。妄想の喩えだが、道元は仏であるとする。『正』空華〝眼中華は、無にあらず有にあらず、空にあらず実にあらず、おのづからこれ十方仏なり〟⑥拄杖＝［1］の語注③参照。『正』説心説性〝仏祖の保任せる性は竹篦拄杖なり〟

〔口語訳〕哀しいなぁ、昔一かたまりの虚空が　眼中の幻の花を乱して、その花で大地は真っ赤である　血の涙で一ぱいの胸中の悲しみを誰に説いたらよいのだろう　ただ頼みに思うのは覚晏道人の杖が（仏法が）天下に流通することである〈門三―185〉

〔評言〕起承句は深く大きな心象表現（目に見えない心境を象《かたち》で表わす）です。「一団空」「眼華」の解釈によって、意味の多様性と深浅が生じます。結句の拄杖は、永平禅と合一した日本達磨宗の象徴でしょう。

［58］　小魚[1]呑大魚　　小魚は　大魚を呑み
　　和尚読儒[2]書　　和尚は　儒書を読む
　　透出仏[3]魔網　　仏魔の網を透出《とうしゅつ》し
　　法[4]塵也掃除　　法塵　也《ま》た掃除す

①小魚呑大魚＝大小善悪の相対的分別を絶した境地。ここは仏教と儒教をいうか。『五灯会元』七「巌頭全豁《がんとうぜんかつ》」〝問う、「古帆拄《か》けざる時如何」。師曰く、「小魚大魚を呑む」と〟　②儒書＝儒教の書物。『正』仏経〝かの道教、儒教をもて仏教に比する愚癡のかなしむべきのみにあらず、罪業の因縁なり〟　③仏魔＝仏法をさまたげる悪魔。『正』行仏威儀〝仏魔法魔に党類せらるるなり〟　④法塵＝仏法にとらわれること。『碧』八十三〝生死を絶し法塵を絶して正位に入り〟

〔口語訳〕小魚が大魚を呑むように（仏教とか儒教とかの）相対的分別を超越して　和尚は儒書を読んでいる　それによって仏法に冦《あだ》なす網をすり脱けて　仏法に執らわれる法塵も（儒書によって）掃除するのである〈門三―192〉

〔評言〕承句の「和尚」は〝大宋国杜撰《ずさん》のともがら〟（『正法眼蔵』諸法実相）のような、儒・仏・道の三教一致をとなえる和尚ではありません。只管打坐のあいまに儒書を学ぶのは、「仏魔」「法塵」を排除する為の読書です。いや、〝為の〟と言ってもだめです。この「和尚」は道元の投影でしょうか。

［59］

臘①　八

瞿②曇老③賊入魔④魅
悩乱人⑤天狼藉時
打⑥失眼睛無処覓
梅⑦華新発旧年枝

臘《ろう》八《はち》

瞿曇《くどん》の老賊　魔魅《まみ》に入り
人天を悩乱して　狼藉《ろうぜき》する時
眼睛を打失し　覓《もと》むるに処無く
梅華新たに発《ひら》く　旧年の枝

①臘八＝［24］参照。ここは寛元四年（一二四六）十二月八日。　②瞿曇＝［41］の⑤参照。ゴータマの音写。　③老賊＝勝れた師家を称賛する語。『碧』二〝頼《さいわ》いに這《こ》の一着有り。這の老賊〟　④魔魅＝衆生を惑わす悪霊。『碧』二十二〝人家の男女を魔魅し去ること在らん〟　⑤人天＝六道のうちの人間界と天上界。『正』仏性〝群徒の人天を惑乱するなり〟　⑥打失眼睛云々＝目玉をたたきつぶされ、求めても何処にもない。『正』眼睛〝先師古仏上堂に、如来の成道を讃歎して云く、「……眼睛を打失して覓むる処無し、人を誑かして剛道《いまい》う明星に悟る」と〟　⑦梅華＝梅の花。『正』眼睛〝先師古仏上堂に云く、「瞿曇眼睛を打失する時、雪裏の梅華只だ一枝」〟『正』梅華〝柳眼新条を発し、梅華旧枝に満つ〟

〔**口語訳**〕老練な師家の釈尊が衆生を惑わす魔物になって　人間界・天上界を悩ましたこの臘八のとき　目玉を失ってしまい何処を探しても見当たらなかったが　梅花が古い枝に新しく咲いていた〈門三—213〉

〔**評言**〕転結句は語注⑥⑦で明らかなように、天童如浄禅師の句に基づいています。それほど道元の如浄尊崇心は強く、釈尊成道の日のように、「眼睛を打失する」ことを雲水に、いや私たち凡俗にも求めているのです。〝凡俗〟は自称であり、道元は私たちを〝凡俗〟と分別《ぶんべつ》していないでしょうが——。

［60］

謝新旧監寺①典座
糴得州②中黄③米来
柴④頭帯火上山⑤隈
風⑥雲感会龍⑦得水
功⑧徳円成眼豁開

新旧の監寺《かんす》・典座に謝す
州中の黄米《こうまい》を糴《か》い得て来り
柴頭火《さいじゅうひ》を帯《お》び　山隈《さんわい》に上る
風雲感会して　龍　水を得
功徳円成《えんじょう》して　眼　豁開《かっかい》す

①監寺・典座＝［49］と［50］参照。　②州中＝ここは越前の国中。　③黄米＝もち米。または古い米。『従容録』九十五〝州中に黄米を糴《う》り来るか〟　④柴頭＝飯頭の下で薪柴を調弁する役僧。　⑤山隈＝山の入りこんだ所。　⑥風雲感会＝［32］の語注③参照。　⑦龍得水＝本分の境地に安住して、いきいきする喩え。『碧』八〝会すれば則ち途中受用、龍の水を得るが如し〟（仏法を会得したら、現実世界で自由自在に働くことができ、それは龍が水を得たようなものだ）　⑧功徳＝よい事をした報い。『典座教訓』〝十号（釈尊）に供して自ら老婆の生前の功徳を得〟

〔**口語訳**〕越州産の古い米を買って来たり　柴頭は炊事の火（薪）のために山谷に上ったりする　あなたたちは監寺・典座の適職に出あって自在にその職を果たし　その功徳が円満成就して智慧の眼が開いている〈門三―214〉

〔**評言**〕住持は適材適所に監寺・典座を任命し、雲水はどの役についても、その任務を自己本来の面目を見つめる（＝見性する）場として、円満に精進しなければなりません。私たち俗世の職業も、単に生活の資を得るためだけであってはなりません。

〔61〕

歳①朝

大②吉歳朝喜坐禅
衲僧弁③道平④如然
人人慶⑤快春面
鼻⑥孔眼睛現⑦前
清⑧白十分江上雪
謝⑨郎満意釣魚船

歳《さい》朝《ちょう》

大吉の歳朝　坐禅を喜び
衲僧の弁道《べんどう》　平如然《へいじょぜん》たり
人人　慶快の春面
鼻孔眼睛《がんぜい》　現前す
清白十分なり　江上の雪
謝郎《しゃろう》意満つ　釣魚船

①歳朝＝ここは寛元五年（一二四七）一月元旦。　②大吉云々＝〔52〕の起句と同じ。　③弁道＝仏道に精進すること。『正』弁道話〝坐禅弁道して仏祖の大道を会通す〟　④平如然＝平常通りありのままの様子。『碧』八十一〝是れ神通妙用にあらず亦た本体如然に非ず〟　⑤慶快春面＝〔52〕の第三句参照。　⑥鼻孔眼睛＝〔51〕の語注②参照。　⑦現前＝まのあたりにある。『正』仏性〝仏性の現前せざる仏性あらざるなり〟　⑧清白＝⑴清酒と白酒、⑵清廉潔白、⑶江上の雪のようす。　⑨謝郎＝雪峰義存の法を嗣いだ玄沙師備（八三五―九〇八）。幼より釣を好んだ。『正』一顆明珠〝福州玄沙山院宗一大師、法諱は師備、俗姓者謝なり。在家のそのかみ釣魚を愛し〟〔52〕の最終句参照。

〔**口語訳**〕非常にめでたい元日に喜んで坐禅し　雲水はいつもと同じく精進する　人々は歳朝を祝って顔は春のようで　鼻孔と眼玉に本来の面目が現成している　川辺の雪は（永平の家風と同じく）清く白く（また歳朝の祝酒も十分あり）　謝三郎は釣り船の中で心満ちている〈門三―216〉

〔評言〕凡俗《わたし》の元旦は、孫たちに囲まれて清酒に酔い、「春面」を綻《ほころ》ばすばかりで「弁道」など全く念頭にありません。恥ずかしいことです。『宏智録《わんしろく》』三にも、〝清白十分江上雪　謝郎満意釣魚船〟とあります。

〔62〕

正月十五日①

清白家風②梅雪月
華時幸有護③身方
雲④明水悦功円満
不覚渾身入帝⑤郷

正月十五日

清白の家風　梅・雪・月
華時幸いに　護身の方有り
雲明るく水悦《よろこ》び　功円満し
覚えず渾身　帝郷《ていきょう》に入る

①正月十五日＝寛元五年（一二四七）。『永』五—412〝宋朝の近代、今日（正月十五日）の上堂を呼んで、元宵の上堂と為す。蓋し是れ世俗の法〟と、以下世俗法を批判している。②家風＝家がら。『永』八—20〝野老の家風は至淳に似たり〟③護身＝身を守る『正』袈裟功徳〝すなはちこれ（＝瞿曇）決定して無上菩提を成ずる護身符子ならん〟④雲明水悦＝雲水が喜ぶさま。⑤帝郷＝〔26〕の語注⑨参照。

〔口語訳〕永平寺の清廉潔白な家風は梅華・白雪・月光と同じで　花咲く時には幸いにして身を守る手だてがある　雲は明るく、水は悦びあふれて流れ、雲水の修行功夫は円満に成就し　知らずしらずのうちに全身でふるさと（本来の面目）に入るのである〈門三—219〉

〔評言〕風景と心情とが融けあった景情一致の二十八字です。

〔63〕

少①林妙②訣
父③子不伝
飢④湌渇飲
健坐困眠
直⑤下会得
此⑥土西天

少林の妙訣《みょうけつ》
父子伝えず
飢《う》えば湌《くら》い　渇せば飲み
健なれば坐し　困《つか》るれば眠る
直下《じきげ》に会得せば
此土《しど》は西天なり

①少林＝河南省登封県嵩岳にある少林寺。達磨の別称。『正』行持下〝嵩山少林寺に寓止して、面壁而坐、終日黙然なり〟　②妙訣＝玄妙な秘訣。『碧』二十八〝達磨西来せず、少林に妙訣有り〟（達磨は中国に来なかったのに、少林寺にすばらしい仏法がある）　③父子不伝＝師家が弟子に伝えない。『碧』七十三〝這箇の些子の消息、之を神仙の秘訣、父子不伝と謂う〟　④飢湌渇飲＝腹がへると飯を食い、喉が渇くと水を飲む。『正』家常〝先師古仏……いはく、飢来喫飯、困来打眠す〟　⑤直下＝ただちにそのまま。『碧』四十三〝這般の公案直下に便ち会す〟　⑥此土＝自分が今生きている此の国土。『正』梅華〝恁麼の時節を、……祖師本来茲土と喚作するなり〟（このように華が咲く時節を、「祖師はもともと此の国土に現われている」と言うのである）

〔**口語訳**〕少林寺の達磨の仏法は　師から弟子に伝えられぬほど玄妙である　しかし飢えると喰い、渇すると飲み　健康だと坐禅し、疲れると眠る　そのまますぐ仏法を会得したなら　この場所がそのままお釈迦様の国土なのである〈門三―220〉

〔評言〕伝・眠・天が下平一先の脚韻です。第三・四句は凡俗《わたし》にもあてはまるようですが、決定的に欠如しているのは「健坐」です。それなのに、〝この神戸市の塩屋も西天の仏国土にほかならないのだ〟と自分に言いきかせつつ、万歩計を腰につけてウォーキングする日々です。

〔64〕

涅槃会①
双②林不仮東君力
雪③後焉知半夜霜
拈転虚④空横世⑤界
如⑥来両⑦度放毫⑧光

涅槃会
双林は　東君《とうくん》の力を仮《か》らず
雪後　焉《なん》ぞ半夜の霜を知らんや
虚空を拈転《ねんてん》して　世界に横たわり
如来両度　毫光《ごうこう》を放つ

①涅槃会＝〔41〕参照。ここは寛元五年（一二四七）。②双林＝沙羅双樹の林。この樹下で釈尊は涅槃に入る。『頓悟要門』〝双林に入り般涅槃に入る〟　③雪後云々＝釈尊が入滅すると双樹は白く枯れた。その景色を詠ったか？　④虚空＝果てしのない大空間。『正』諸悪莫作〝仏の真法身は猶お虚空のごとし〟　⑤世界＝三千大千世界。『正』古仏心〝世界は十方みな仏世界なり〟　⑥如来＝真法身は真如の上に来至するので如来という。仏の語の代わりに如来の語を用いて釈迦如来・薬師如来・阿弥陀如来などという。　⑦両度＝二回。どう二回なのか不明。　⑧毫光＝仏の眉間の右旋する白毛から放つ光明。『法華経』序品〝仏は眉間白毫相より光を放ちて、東方万八千の世界を照らしたもう〟

〔口語訳〕沙羅双樹は春の神の力を借らずに白くなり　その白色は雪の後の夜の白霜など知らぬげである　如来は果てしない虚空（法身仏）をひっ転《ころ》がして三千大千世界に横たわり　二度も白毫から光を放っておられる

〈門三―225〉

〔評言〕時間を超越して「双林」の四枯四栄を吟じ、空間を超越した「如来」の法身を詠じているのでしょう。「両度」の第二度目は、即今只今の仏光だと凡俗《わたし》は思っております。

[65]　仏①性巴②鼻有
狗③子一④角無
未免入皮⑤袋
猫⑥児生狸⑦奴

仏性　巴鼻《はび》有り
狗子《くす》　一角無し
未だ皮袋《ひたい》に入るを免《まぬが》れず
猫児《みょうじ》　狸奴《りぬ》を生む

①仏性＝覚者としてのはたらき。『正』仏性〝狗子還有仏性也無〟　②巴鼻＝つかまえどころ。『正』古仏心〝この巴鼻あるはこれ古仏なり〟　③狗子＝犬ころ。『正』仏性〝趙州有は狗子有なり、狗子有は仏性有なり〟　④一角＝一本のつの。『従容録』六十九〝角を戴き毛を披るをば推して上位に居く〟（角や毛のある動物をば尊重する）　⑤皮袋＝肉体、また人間。『正』仏性〝撞入這皮袋の行履、いたづらに蹉過の功夫あらず〟（仏性がこの身体に入った時の日常生活は、いたずらに仏道を踏みはずして工夫をするというものでもない）　⑥猫児＝南泉斬猫の有名な公案が、『従容録』九にある。　⑦狸奴＝猫の異名。『従容録』六十九〝南泉衆に示して云く、「三世諸仏有を知らず、狸奴白牯却って有を知る」〟

〔口語訳〕仏性には掴《つか》みどころが有るが　犬には掴まえる一本の角も無い　（修行によって）仏性が人間の中に入るのはしかたがないが　猫が、仏性の有を知る狸奴《ねこ》を生んでいるぞ〈門三―226〉

〔評言〕趙州従諗《じょうしゅうじゅうしん》の有無を超越する思想が起承句、その趙州の師の南泉和尚を詠ったのが結句です。わたしは、転句が道元の主題だと解しています。有無の相対的分別に執らわれないよう日常生活（即修行）を重ねたいものです。

〔66〕

結[1]夏

掘[2]空平地構鬼[3]窟
臭悪水[4]雲撥潑[5]天
混雑驢牛兼仏祖
[6]自家鼻孔自家牽

結《けっ》夏《げ》

空《くう》を掘り地を平《たい》らげ　鬼窟を構《かま》え
臭悪《しゅうお》の水雲　撥《は》ねて天に潑《そそ》ぐ
驢牛《ろぎゅう》と仏祖とを混雑し
自家の鼻孔　自家が牽《ひ》く

①結夏＝〔11〕参照。ここは宝治元年（一二四七）四月十五日。②掘空平地＝天空を掘り土地を平にする。『正』安居〝先師天童古仏、結夏の小参に云く、「平地に骨堆を起し、虚空に窟籠を剜《けず》る」〟③鬼窟＝〔31〕の語注④参照。④水雲＝雲水。『従容録』五十三〝水雲の器具に甄陶在り〟（雲水を導くのに妙手段がある）⑤潑天＝天にそそぐ。人天を化育すること。⑥自家云々＝自分の鼻の穴に通した綱を自分がひく。自己本来の面目は自分で導く。自修自証。『正』菩提分法〝定覚支は、……自家鼻孔自家穿なり、自家把索自家牽なり〟

〔口語訳〕虚空を掘り地を平にして鬼が棲む洞窟（僧堂）を築き　いやな臭いの水と雲（臭皮袋の雲水）を天地に水を潑《そそ》ぐように道元《わたし》は指導する　驢牛のような愚鈍な雲水と仏祖とが混在しているが　自己本来の面目は自分で導き自修自証するものなのだ〈門三―238〉

〔評言〕凡俗《わたし》のように仏典・禅籍の仏語の世界に分け入っても、結局は自修自証しなければなりません。種田山頭火の〝分け入っても分け入っても青い山〟の句が関連もなく想起されます。

[67]　天童和尚忌[①]

先師今日弄[②]精魂
仏[③]祖家風扇起雲
悩[④]乱娑婆多少恨
無[⑤]明業[⑥]識及児孫

天童和尚忌
先師今日　精魂《せいこん》を弄《ろう》し
仏祖の家風　扇《あお》いで雲を起こす
娑婆を悩乱す　多少の恨み
無明の業識《ごっしき》　児孫《じそん》に及ぶ

①天童和尚忌＝〔56〕参照。ここは宝治元年（一二四七）七月十七日の二十一周忌。②弄精魂＝⑴心力を費やして妄想分別する。⑵心力を尽して純一に功夫する。『正』優曇華〝弄精魂とは、祇管打坐脱落身心なり〟③仏祖家風＝〔13〕①と、〔62〕②の語注参照。④悩乱娑婆＝〔34〕②と〔57〕④の語注参照。⑤無明＝無知で真理に暗いこと。『正』仏教〝しるべし、無明これ一心なれば、行識等も一心なり〟⑥業識＝宿業の識、根本無明の力によって生じた不覚の心。『正』仏性〝業識いまだ狗子を会せず〟

〔口語訳〕先師如浄禅師は今日も心力を尽して精進なさり　仏祖の風儀を盛んにして雲水を奮い立たせておられる
現世の俗界を悩ませ乱しなされて子孫には多くの恨みが生じ　無知で真理に暗い宿業の心は子孫の私どもに及んでいる〈門三―249〉

〔評言〕結句は〔56〕の「先師瞞弟子」と同じく逆説的表現で、「児孫」の永平寺雲水を励ます言葉でもあります。

私たち凡俗は、空吹く風にも〝大自然の摂理〞、仏の風を感得したいものです。

［68］

宝治二年三月十四日①
山僧②出去半年③余
猶若孤輪④処太虚⑤
今日帰山雲喜気⑥
愛⑦山之愛甚於初

宝治二年三月十四日
山僧出で去る　半年余
猶お孤輪の太虚《たいきょ》に処するが若《ごと》し
今日帰山すれば　雲は喜気
山を愛するの愛は　初より甚だし

①宝治二年三月十四日＝この前日の宝治二年（一二四八）三月十三日、道元は鎌倉から帰る。②山僧＝僧侶の謙称。ここは道元自身。③半年余＝道元は前年八月三日に永平寺を出て鎌倉に行き、檀那俗弟子（波多野義重）たちに説法し、帰るまで約七箇月。④孤輪＝一つの日、一つの月。ここは孤独な道元自身の喩えか。⑤太虚＝虚空。『正』深信因果〝頌古に云《いは》く、……太虚寥廓たり〞⑥喜気＝喜ぶ気配。『永』十―偈頌20〝衝天の喜気男女を融す〞⑦愛山＝山を愛する。『正』山水経〝おほよそ山は国界に属せりといへども、山を愛する人に属するなり〞、『永』十―偈頌102〝我山を愛する時、山は主を愛す〞

〔口語訳〕道元《わたし》は永平寺を出て鎌倉に半年余り滞在したが　まるで孤独な太陽が大虚空にいるようなものだった
今日吉祥山に帰ってみると雲（雲水）は喜び　私の山を愛する心は入山の初めより強くなった〈門三―251〉

〔評言〕天童如浄から「権力者に近づく勿れ」と諭されたのに、道元はなぜ鎌倉に出かけたのでしょう。「孤輪」は出鎌の志（たぶん正法弘通）が果たせなかった虚しさと、孤独感をあらわしています。余・虚・初は上平九魚の脚韻です。

［69］
喚応①弟兄同一声　　喚応《かんおう》する弟兄《ていひん》　同一の声
抽②釘未了還抜楔　　釘《てい》を抽《ぬ》き未だ了《おわ》らざるに　還《ま》た楔《けつ》を抜く
倒③却門前刹竿著　　門前の刹竿《せっかん》を倒却著《とうきゃくじゃく》し
今作誰家乾屎橛④　　今、誰が家の乾屎橛《かんしけつ》と作らん

①喚応＝呼ぶと答える。ここは兄弟子の迦葉と弟弟子の阿難とのやりとり。『永』三―252〝迦葉「阿難」と召し、阿難応諾す〟　②抽釘抜楔＝妄想煩悩の釘や楔をぬいて自由になること。『碧』一〝達磨本《も》と茲土に来って、……釘を抽き楔を抜き荊棘を剗除す〟　③倒却云々＝門前の旗竿《はたざお》を倒すのは説法が終了したことを示す。『碧』十五〝迦葉云く、「門前の刹竿を倒却著せよ」と。阿難遂に悟る〟　④乾屎橛＝乾いたくそかきべら。トイレットペーパーの代りに用いる。無用の物の喩え。『碧』三十二〝〔臨〕済便ち托開して云く、「無位の真人、是れ什麼《なん》の乾屎橛ぞ」と〟（臨済禅師はつき放して言った、「無位の真人とはどんな糞掻きべらじゃ」）

〔**口語訳**〕兄弟《あにで》子《し》が喚《よ》ぶのも弟弟子《おとうとでし》が応じるのも、同じ仏弟子の声であり　釘《くぎ》をまだ抜き終らないのに、また楔《くさび》を抜いて煩悩から脱して自由になる　門前の旗竿は倒されてから　今は誰の家の乾屎橛に作られていることやら〈門三―252〉

〔**評言**〕語注①に示した用例文の前に、次のような意味の文（『碧巌録』三十二にも同文）があります。

阿難が兄弟子の迦葉に質問した、「師《す》兄《ひん》よ、釈尊はあなたに金襴衣のほかに何を伝えられましたか？」す

ると迦葉は、「おい阿難」と喚ぶと、阿難は「はい」と応答した。

つまり、「釈尊は迦葉に、分別知の言語によって、法を伝えたのではない」と、阿難に教えたのです。それを「刹竿」を倒して、それを裁断して「乾屎橛」を作ったと、道元は詠っているのです。奇抜な結句ですが、高く尊い刹竿と、汚い乾屎橛の相対的分別を超えた境地を詠っておもしろく思います。

〔70〕 師①子吼音師子知　師子吼《しく》の音　師子ぞ知る
法②王之法一如斯　法王の法　一に斯《かく》の如し
会③中倶是仙④陀客　会中《えちゅう》倶に是れ　仙陀《せんだ》の客
更下文⑤殊両両槌　更に　文殊《もんじゅ》両両の槌《つい》を下さん

①師子吼＝百獣の王ライオンの吼《ほ》える声。無畏音の仏の説法の喩え。『正』仏性〝大師釈尊の師子吼の転法輪なり〟　②法王＝精神界（法界）の王者の釈尊。『碧』九十二〝文殊白槌して云く、「諦観法王法、法王法如是」〟（文殊は八角の槌を叩いて、「仏陀の御説法をよく明らめたか、仏法とはかくの如くである」と述べた）　③会中＝仏法の集《つど》い、仏弟子のこと。『正』摩訶般若波羅蜜〝釈迦牟尼如来の会中に一苾蒭有り〟　④仙陀客＝言葉を聞いて、その人の意思を正しく判断する怜悧な人。『碧』九十二〝会中若《も》し仙陀の客有らば、何ぞ必ずしも文殊一槌を下さん〟（法会参列の人の中に、もし仏説を正しく理解する者が一人でもいたら、文殊は何も白槌を打つ必要はなかった）。『正』王索仙陀婆に詳しい。　⑤文殊云々＝語注④の用例文参照。

〔口語訳〕師子吼のような仏の説法は師子（勝れた弟子）だけが解る　法王たる仏の説法は全くこのようなもの

なのだ　法会の中に仙陀の客のような怜悧な者がいたら　文殊菩薩はわざわざ白槌を打つ必要はなかったのである〈門三―254〉

〔評言〕起承句は、仏と仏との間にのみ正法は伝わるという〝唯仏与仏〟を詠っているのでしょう。すると、凡俗の入りこむ余地はありません。我が老妻は、私の「あれ」「それ」のあいまいな指示語をよく理解してくれて、仙陀客に似ているのですが、彼女も私と同じく、似而非《えせ》の仏道者です。

[71]　浴仏①

生時震動三千界
道処②広開八万③門
澆④水驀頭無垢体
一⑤場懡㦬弄⑥精魂

浴仏

生時に震動す　三千界
道処に広開す　八万門
水を驀頭《まくとう》に澆《そそ》ぐ　無垢《むく》の体に
一場の懡㦬《もら》　精魂を弄《ろう》す

①浴仏＝灌仏。釈尊誕生の四月八日、仏像に甘露水の代りに甘茶で湯浴みさせる法会。ここは宝治二年（一二四八）四月八日。　②道処＝言葉で述べること。『正』看経〝いま先師の道処を看転すべし〟　③八万門＝釈尊一代の教えの総称で、八万四千法門の略。『正』仏経〝信受奉行せんこと、一偈一句なるべし、八万を解会すべからず〟　④澆水驀頭＝まっしぐらに頭に水を注ぐ。『碧』一〝早く是れ悪水驀頭に澆ぐ〟　⑤一場懡㦬＝一場の恥さらし。『碧』四十四〝脚底下、一場の懡㦬なり〟（浄果大師が言った、「鶴の足もとは糞だらけで恥さらしの場面じゃ」）　⑥弄精魂＝[67]の②参照。

〔口語訳〕釈尊が誕生した時、三千世界は震動し　釈尊は法を説いて八万四千の法門を開いた　穢《けが》れのないお体に頭から甘露の水を注いで　その場で恥をかいて純一に精進するのである〈門三―256〉

〔評言〕甘露水（甘茶）を注ぐ雲水と、澆がれる「無垢」の釈尊像と、どちらが「懡㦬」なのでしょう。また、なぜ「懡㦬」でしょう。分別知でぎりぎりまでつきつめると、それは自分自身なのでした。そして「懡㦬」即ち是れ「弄精魂」だと気づいております。

［72］

結①夏

拈②華微笑太乖③張
剛被瞿曇乱一場
把手共行詣仏④殿
眉⑤毛相結入僧⑥堂

結《けっ》夏《げ》

拈《ねん》華《げ》微笑《みしょう》　太《はなは》だ乖張《かいちょう》
剛《まさ》に瞿曇《くどん》に　一場を乱さる
手を把《と》り共に行じて　仏殿に詣《もう》で
眉《び》毛《もう》相い結びて　僧堂に入らん

①結夏＝［11］参照。ここは宝治二年（一二四八）四月十五日。②拈華微笑＝［25］の語注②参照。『正』仏経〝拈華瞬目、微笑破顔、すなはち七仏正伝の古経なり〟③乖張＝くいちがうこと。④仏殿＝七堂伽藍の中心の殿堂で、本尊の釈尊（瞿曇）を祀る。［29］の語注②参照。⑤眉毛＝まゆげ。『正』見仏〝尊者あきらかに眉毛を策起せり〟⑥僧堂＝雲堂、選仏場。禅寺の根本道場で、永平寺僧堂が日本最初。『永』四―319〝当山（永平寺）始めて僧堂有り。是れ日本国にて始めて之を開き、始めて之を見、始めて之に入り、始めて之に坐す〟

〔口語訳〕釈尊が華を拈《と》ったのと迦葉の微笑したのと、二つの間には大きなくい違いがあり　まさに釈尊によっ

て霊鷲山《りょうじゅせん》の場は乱された　さあ、手を取り合って安居修行して仏殿にお詣りし　互いに眉毛を結んで僧堂に
入って打坐に励もう〈門三―257〉

〔評言〕釈尊の拈華と迦葉の微笑とはピタリと一致し、「瞿曇」によって「一場」どころか三千大千世界が仏国土になったのです。[72]は、道元や雲水たちが仏殿・僧堂で、「拈華微笑」の真実義を究めるための決意の偈なのでしょう。

永平広録巻四

[73]

端①午
五月五日天②中節
百③草頭辺見薬④山
大小石⑤頭談般若
音⑥声流布到人間

端《たん》午《ご》
五月五日　天中節
百草頭辺《ずへん》　薬山を見る
大小の石頭《せきとう》　般若《はんにゃ》を談じ
音声流布《おんじょうるふ》して　人間《じんかん》に到る

①端午＝五月五日は午月午日午時というように午が端正にそろう日。ここは宝治二年（一二四八）。②天中節＝五月五日の午時が天の中央に当る。また、一三五七九の天数（奇数）の中央が五に当る。『永』二—169 〝五月五日天中節、尽大地の人、薬縷を帯ぶ〟 ③百草＝[11]の語注②参照。『永』三—242 〝宏智古仏……上堂に云う、「五月五日天中節、百草頭上生殺を看る」〟 ④薬山＝⑴薬草の山。日本でも古く薬狩りや薬玉飾りの風習があった。⑵石頭希遷の法嗣の薬山惟儼（七四五—八二九）。⑤石頭＝⑴石ころ。『正』虚空 〝石頭大底大、石頭小底小、これ無是無非法なり〟（石ころの大きいのも小さいのも、そのままというのは、是も無く非も無いということである）。⑵青原行思の法嗣の石頭希遷（七〇〇—七九〇）。⑥音声＝こえ。『正』無情説法 〝有情界の音声をうばふて、無情界の音声に擬するは、仏道にあらず〟

〔**口語訳**〕五月五日の天中節には　無数の草が薬の山のようだ　大小の石ころが般若の智慧を語り　その声は流れ流れて人間界に到る〈門四—261〉

〔**評言**〕筆者には五月五日、兄弟で入った菖蒲《しょうぶ》の薬湯の思い出が懐かしい。薬草といえば、文殊菩薩が善財童子に一茎の薬草の採取を命じた話が想起されます。転句の「般若」はその文殊の智慧のことでしょう。この人間界に到っている「石頭」の声が聞こえるようになりたいものです。石ころは「石塊《わたし》がここに存在しているのは、大自然の摂理つまり因縁生起の理《ことわり》、言いかえれば、法身仏の意志によって、このようにあるのだよ」という「音声」を流しているのです。石頭と薬山の師弟も連想されて興趣深く読まれます。

［74］

観①樹経②行三③七日　　観樹経行《きんひん》　三七日

明④星出現照雲⑤漢　　明星出現して　雲漢《うんかん》を照らす

等⑥閑坐⑦破金剛座　　等閑に坐破す　金剛座

誰測吾家有壁⑧観　　誰か測《はか》らん　吾が家に壁観《へきかん》有るを

①観樹＝釈尊が菩提樹を観じて三昧に入ったこと。『法華経』方便品〝我始めて道場に坐して樹を観じ、亦た経行して、三七の中に於て是の如きことを思惟せり〟　②経行＝坐禅の合間にゆったり歩いて、坐屈や睡魔を防ぐこと。　③三七日＝二十一日間。『正』三昧王三昧〝釈迦牟尼仏、菩提樹下に……あるひは三七日結跏趺坐〟　④明星＝釈尊は暁の金星を見て悟る。『正』弁道話〝釈迦大師は、明星をみしとき道を証し〟　⑤雲漢＝大空、天の川。　⑥等閑＝なおざり。無造作というマイナスの意味のみならず、〝作意〟がなく任運のさまもいう。『永』一―48〝只だ是れ等閑に先師天童に見ゆ〟　⑦坐破＝⑴徹底して坐禅す、⑵坐禅して蒲団を破る。『正』行持下〝つねにおもひき、金剛座を坐破せんと〟

⑧壁観＝⑴達磨の面壁九年のこと。⑵壁のように坐禅すること。『碧』一〝彼の方に号して壁觀婆羅門と為す〟

〔**口語訳**〕釈尊が菩提樹下で三昧に入り経行して二十一日目　暁の明星が現われて大空に輝いた　無心に金剛座で坐りきられたのだが　わが永平寺に達磨大師の面壁坐禅の家風があることを誰が予測したであろうか〈門四―268〉

〔**評言**〕安楽の法門たる坐禅が、仏法の正流として永平寺に伝わっていることを詠っています。

[75]
磨①塼作鏡是功②夫　　塼《せん》を磨《ま》し鏡と作《な》すは　是れ功夫
兀③兀④思量道豈疏　　兀兀《ごつごつ》たる思量　道《どう》豈《あ》に疏《おろそか》ならんや
欲向那⑤辺尋瞥⑥地　　那《な》辺《へん》に向って瞥地《べっち》を尋ねんと欲せば
又来這⑦裏觜⑧盧都　　又這裏《しゃり》に来って　觜盧都《しろと》たれ

①磨塼作鏡＝南嶽懐譲が瓦を磨いて鏡を作るという行為によって、馬祖道一が坐禅して仏になろうとしているのを諦めさせた故事。『正』古鏡〝磨塼の鏡となるとき、馬祖作仏す〟　②功夫＝[31]の⑤参照。　③兀兀＝[26]の⑤参照。
④思量＝考えること。『正』坐禅箴〝有る僧問う、「兀兀地に什麼《なに》をか思量せん」。師曰く、「箇の不思量底を思量す」〟（ある僧が尋ねた、「ひたすら坐って何を考えているのですか」。薬山大師は言う、「思いの及ばない所を思っているのだ」）　⑤那辺＝あちら。どこ。　⑥瞥地＝[51]の⑥参照。　⑦這裏＝ここ。『正』法性〝即今の這裏は法性なり〟（今日只今、この所が法性である）　⑧觜盧都＝口を閉じ黙っている様。『永』十―偈頌52〝若し西来の真の的旨を問はば、噴噴地上に觜盧都なり〟

〔**口語訳**〕南嶽のように瓦を磨いて鏡を作るのが修行であり　薬山の如く只管打坐《しかんたざ》して不《ふ》思量底《しりょうてい》を考えるという、仏道は疏《おろそ》かではない　だがあちらでチラリと道を尋ねるぐらいなら　ここ永平寺へ来て黙って坐禅せよ〈門四―270〉

〔**評言**〕とにかく只管打坐すべきなのです。凡俗《わたし》は不思量底を「思量」しながら、散歩に励みます。そして、

〝不思量底〟とは分別的人間知の思量できぬ〝大自然の摂理〟の世界かなと思いをめぐらして、《峰の色渓《たに》のひびきも皆ながら　我が釈迦牟尼《しゃかむに》の声と姿と》という和歌を口ずさみながら、須磨の里山を登り下り（筆者にとっては経行《きんひん》）しているのです。承句は「道《ことば》」かも？

［76］　天童和尚忌①

天童今日錯行脚　　天童今日　行脚《あんぎゃ》を錯《あや》まり
不往天台②及五台③　　天台及び五台に往かず
万里哀哉無④寸草　　万里哀しい哉《かな》　寸草無く
潙⑤山旧主作牛来　　潙山《いさん》の旧主　牛と作《な》って来る

①天童和尚忌＝［56］［67］参照。ここは宝治二年（一二四八）七月十七日。②天台＝浙江省天台山、台山と略称。『正』嗣書〝道元、台山より天童にかへる路程に〟③五台＝山西省五台山は文殊の霊地。『正』偏参〝天台・南嶽にいたり、五台上天にゆくをもて偏参とするにあらず〟④無寸草＝草が一本もない。草はまとわりつく煩悩の喩え。『正』行仏威儀〝門を出れば便ち是れ草、門を入るも便ち是れ草、万里寸草無し〟⑤潙山＝⑴湖南省長沙西の大潙山、⑵百丈懐海の嗣の潙山霊祐（七七一―八五三）。生まれ変わっても、泥水をかぶる牛になって人を済度すると説く。『正』家常〝潙山の禅を学ばず、只だ一頭の水牯牛を看る〟

〔**口語訳**〕天童和尚は七月十七日の今日、行脚《あんぎゃ》の道を間違えて　天台山・五台山にも行かず（永平寺に来ておられる）　ああ、見渡す限り一本の草もない（足に纏《まつ》わる煩悩はない）　大潙山の昔の住持の潙山霊祐が水牯牛に生

まれ変わったからだ（牛が寸草を食べ尽したからだ）〈門四―274〉

〔**評言**〕天台・五台――行脚――（瞻風撥草）――無寸草――（草を食う）水牯牛、というように豊かな連想によって、永平寺が天童如浄の仏法を正伝していることを詠っています。

〔77〕

天童和尚忌辰①
天童今日翻②巾斗
踏倒驢③胎与馬④胎
狼⑤籍一場桶⑥底脱
洞⑦宗有託祖⑧師来

天童和尚忌辰《きしん》
天童今日　巾斗《きんと》を翻《ほん》し
驢《ろ》胎《たい》と馬胎と　踏み倒す
狼籍《ろうぜき》一場　桶底《つうてい》脱し
洞宗《とうしゅう》　祖師に託し来る有り

①忌辰＝命日。ここは何年か不明。②翻巾斗＝巾は筋とも記す。とんぼがえり。従来の身心を改めて仏道に参学する喩え。『正』身心学道〝翻筋斗して学道するなり〟　③驢胎＝〔37〕の③参照。④馬胎＝〔37〕の④参照。⑤狼籍＝乱暴すること。『正』四禅比丘〝殺害の狼藉をみるにおそれを生ず〟　⑥桶底脱＝桶の底がぬける。大悟の喩え。『正』仏経〝破木杓、脱底桶のごとくなるべし〟　⑦洞宗＝ここは曹洞宗の略称ではあるまい。『五家宗旨纂要』によると、〝洞宗両転身〟という語は、凡夫から仏身に転じることを一転身、仏身を超えて凡夫身に還入することを二転身という。⑧祖師＝正法を伝持する列祖。『正』神通〝仏法正伝の祖師かくのごとくいふ〟

〔**口語訳**〕天童和尚は七月十七日の今日、（娑婆と涅槃の間を）とんぼがえりして　ろばと馬の胎を踏み倒した（仏道を参究し、また俗界に戻った）　乱暴を働いて桶の底がぬけるように大悟し　洞山の仏法はこの祖師天童に託

せられて正伝したのである〈門四―276〉

〔評言〕道元は、禅宗とか曹洞宗とかいう宗称を堅く戒めました。従って結句の「洞宗」の語は慎重に解釈しなければなりません。筆者は語注⑦に示した〝両転身〟を、「翻巾斗」「踏倒」「桶底脱」という語で表現したのだと思っております。

［78］　中秋①　　　中秋

磨②塼作鏡掛天辺　　塼を磨して鏡を作し　天辺に掛くれば
人道中秋月③一円　　人は　中秋の月一円と道《い》う
枉用功夫誰不笑　　枉《いたずら》に功夫を用い　誰か笑わざらん
無④明業識豈生⑤縁　　無明の業識《ごっしき》　豈に生縁《しょうえん》ならんや

①中秋＝ここは宝治二年（一二四八）八月十五日。　②磨塼作鏡＝［75］の①参照。　③月一円＝丸い一つの月。『正』仏性〝月は円形なり、円は身現なり〟（月は丸く、円は龍樹菩薩の坐禅の身体の形である）　④無明業識＝［67］の結句参照。　⑤生縁＝現世に存在するための、過去世の業縁。『正』行持下〝いづれの生縁か王宮にあらざらん〟

〔口語訳〕瓦を磨いて鏡を作り大空に掛けると　人は「中秋の円い月が一つ」と言う　わざわざ瓦を磨く功夫をすれば笑わぬ者はいない　現世の（月の無い）無明の宿業の八識は過去世の業縁によるのだろうか〈門四―277〉

〔評言〕結句の「無明業識」は、［67］と同じく逆説的表現でしょう。月は過去世も現世も「天辺」に輝いているのであり、その円月相は私たちの身体そのものの現われ（身現）なのです。この年の中秋は、悪天候で明月が見られなかったのかも知れません。

［79］心鳴即是可空鳴　　心鳴《しんめい》は即ち是れ空鳴《くうめい》なるべし
若道心鳴実鈴鳴　　若《も》し心鳴と道《い》わば　実は鈴鳴なり
風鈴不鳴心不鳴　　風鈴鳴らず　心も鳴らざるに
如何喚作是心鳴　　如何《いかん》が是れ心鳴と喚《よ》び作《な》さん

＊この偈は『正』恁麼に引用する僧伽難提《そうぎゃなんだい》とその弟子伽耶舎多《かやしゃた》の、次の問答を土台にしています。
「仏殿の鈴鐸《れいたく》は、風が鳴るのでも鈴が鳴るのでもなく、私の心が鳴るのです」と伽耶舎多が言うと、「その心とは何なのだ」と師に問われて、「風も鈴も寂静だからです」と答えて、僧伽難提から正法眼蔵を伝付された――という問答です。これについて、道元は次のように述べている。――「心鳴は風鳴でなく、心鳴は鈴鳴でなく、心鳴は心鳴でなく、ただ寂静である」「風が鳴るのである、鈴が鳴るのである。吹かれて鳴るのであり、ただただ鳴っているのである。恁麼（ありのまま）なのである」

〔口語訳〕心が鳴るのはとりもなおさず空《くう》が鳴るのである　もし心が鳴ると言うのならそれは実は鈴が鳴るのである　風鈴も鳴らず心も鳴らないのに　どうして心鳴と言えようぞ〈門四―283〉

〔評言〕只管打坐せぬ凡俗《わたし》には、何が何だか解らず、〝即非の論理〟で片付けたい衝動にかられたり、唯識でいう〝非一非異〟だろうかと思ったり、分別的論理に染汚されて読みあぐんでおります。

〔80〕

即①是身心非陰②聚
妙③存卓④卓豈情⑤縁
無来無去応声⑥色
還我翻中従八⑦辺
亡対⑧待兮脚⑨跟点地
何生⑩滅兮気宇衝天
雖然如是
勿言殺⑪仏終無果
得⑫仏由来実坐禅

即是《そくぜ》の身心　陰聚《おんじゅ》に非ず
妙存卓卓　豈《あ》に情縁ならんや
来《らい》無く去《こ》無く　声色《しょうじき》に応じ
我に翻中《ほんちゅう》を還《かえ》して　八辺に従《わた》る
対待《たいだい》を亡《ぼう》じて　脚跟《きゃっこん》地に点ずれば
何の生滅か　気宇《きう》天を衝《つ》く
是《か》くの如しと雖然《いえど》も
言う勿《なか》れ　殺仏《せつぶつ》は終《つい》に果無しと
得仏《とくぶつ》の由来は　実に坐禅なり

①即是A＝⑴ほかならぬAこそが、⑵たといAでも。『正』渓声山色〝秋菊の秀ある即是なるのみなり〟　②陰聚＝蘊聚。色受想行識の集まったもの。『正』自証三昧〝積聚の五陰ならん〟　③妙存＝不明。すばらしい存在か。　④卓卓＝独りぬきん出ていること。　⑤情縁＝情識（思慮分別の働き）の縁。　⑥声色＝色声香味触法の初めの二つで、六境（一切万境）を代表させる。『永』五―383〝声色は是れ五欲なり〟　⑦八辺＝不明。八表（全世界）と同じか。　⑧対待＝あれこれと対立する。相対。『正』海印三昧〝法の起なるゆゑに不対待相なり……法の滅なるがゆゑに不相対待なり〟　⑨脚跟点地＝かかとを地につける。『正』古鏡〝脚跟は点地也《や》是《ぜ》なる、不点地也《や》是なる〟　⑩生滅＝生と滅の無常。『正』現成公案〝仏道もとより豊倹より跳出せるゆゑに、生滅あり迷悟あり〟　⑪殺仏＝⑴仏になりきる、⑵仏への執着を断つ。『正』坐禅箴〝坐仏を参究するに殺仏の功徳あり〟　⑫得仏＝仏になれる。『正』見仏〝聞一偈一句受持

するは、得見釈迦牟尼仏なり……得仏正眼なり〟

〔口語訳〕この身心は色受想行識の五陰《ごおん》が聚《あつ》まったものではなく　身心の存在は大そう勝《すぐ》れていて情識とは無縁である　身心は来ることも去ることもなく、ただ万境に応じて働き　私に本来の面目を還《かえ》して、それが十方世界の境に行きわたるのである　分別相対を超越して、しかも足を地につけると　生滅の無常などなく、気宇は天を衝く勢いである　しかしながら「仏の執着を離れるには果《は》てしがない」と言ってはならぬぞ仏になりきるのはこれ迄通りやはり坐禅なのだ〈門四―286〉

〔評言〕縁・辺・天・禅の下平一先の脚韻をふんでいますので、この六十二字を偈頌として、本書に収めました。第四句がよく解りません。『正法眼蔵』仏性に、〝還我仏性来〟、『正法眼蔵』栢樹子に〝還吾功夫来〟とありますので、それによって解釈しました。前半四句は身観・身現相を詠い、後半の四句は只管打坐に徹することを述べているようです。

〔81〕

開[1]炉

先[2]春桃李華[3]開発
衲子拈来作火炉
暖処商[4]量雖瞌[5]睡
可憐[6]百[7]丈枉功夫

開炉

春に先んじて　桃李の華開発《はなかいほっ》し
衲子《のっす》拈来《ねんらい》して　火炉を作《な》す
暖処の商量　瞌睡《かっすい》すと雖も
憐《あわれ》むべし　百丈枉《いたずら》に功夫するを

①開炉＝［33］参照。ここは宝治二年（一二四八）十月一日。②先春＝春が来る前に。『正』眼睛〝はるにさきだちて、はるのこころを漏泄するなり〟　③華開発＝［46］の④参照。④商量＝問答し審議すること。『正』春秋〝この因縁かつておほく商量しきたれり〟　⑤瞌睡＝居眠り、智慧の眼を失うこと。『正』渓声山色〝かれに瞌睡することなかれ〟　⑥怜＝憐に同じ。⑴あわれむ、⑵大切にいつくしむ。⑦百丈＝馬祖道一の嗣の百丈懐海（七四九―八一四）。『景』九「潙山霊祐」〝百丈云く、「汝撥鑪中に火有りや否や」。師撥して云く、「火無し」。百丈躬ずから起ち、深く撥して少火を得。挙げ以て示して云く、「此は是れ火ならずや」。師、悟りを発《ひら》き礼謝す〟

〔**口語訳**〕まだ春にならないのに桃と李《すもも》の花が咲き　雲水はそれを取ってきて火種にした　暖かい炉のそばでは問答の際に居眠りするだろうが　百丈がわざわざ工夫して潙山を教えた例を大切にすべきである〈門四―288〉

〔**評言**〕何時でも何処でも、冬の炉の灰の中からでも、火だね即ち自己本来の面目（大自然の摂理によって、今此処にあるがままにあること）を見なければなりません。見性見仏しなければなりません。

［82］

臘①八

雪②団打　雪団打
打③得寒梅雪④裏開
天上明星地上木⑤杓
年臘八　先春来

臘八

雪団打《せつだんだ》　雪団打
寒梅を打得《だとく》せば　雪裏《せつり》に開く
天上の明星　地上の木杓《もくしゃく》
年の臘八　春に先んじて来る

①臘八＝［24］参照。ここは宝治二年（一二四八）十二月八日。②雪団打＝雪を丸めてぶつけること。『碧』四十二〝雪

団打雪団打、龐老の機関没可把〃（雪を丸めてぶつけて、龐居士の働きは、つかまえどころがない） ③打得＝ぶつける。『碧』二十〃箇の死漢を打得して甚《なん》の事を済《な》さん〃 ④雪裏＝雪の中。『正』梅華〃雪裏の梅華まさしく如来の眼睛なり〃 ⑤木杓＝木製の杓子で、煩悩をくみ出すので修行者の喩え。［55］の⑤参照。

〔**口語訳**〕雪弾丸《だま》をぶつけ又ぶつけ　寒梅にぶつけると雪中で花（悟り）が開く　天上の明星と地上の接心会の雲水は　十二月八日に、春に先がけてやって来る〈門四—297〉

〔**評言**〕「雪団打」は、龐《ほう》居士と馬祖・石頭との商量を、雪竇《せっちょう》が詠った言葉です。道元はその言葉で、気迫の籠もった雲水の接心を表わしているのです。「明星」も「木杓」も、目に見えない法身仏の象徴なのでしょう。

［83］

謝維那①
無②孔鉄鎚亘③霹靂
当時撃破野④狐禅
今朝要得知端⑤的
大⑥庾嶺頭臘⑦月蓮

維那《いの》に謝す
無孔《むく》の鉄鎚《てっつい》　亘《あまね》く霹靂《へきれき》し
当時撃破す　野狐の禅
今朝　端的を知るを得んと要し
大庾《だいゆ》嶺《れい》頭　臘月の蓮

①維那＝六知事の一で、僧衆を統理する。 ②無孔鉄鎚＝穴のない鉄鎚で、手がつけられない喩え。『碧』十四〃無孔の鉄鎚重く楔を下す〃 ③霹靂＝激しく鳴る雷声。『正』古鏡〃問処の霹靂するには無廻避処なり〃。［21］の⑤参照。 ④野狐禅＝真の禅者のように振舞うえせ禅。『正』大修行〃杜撰長老等そこばくの野狐ならん〃 ⑤端的＝まさにそのもの。『正』発無上心〃たとふべきといふは親曾なるなり、端的なるなり〃（喩えるべきと言うのは、親しいからであり、

正にそのものであるからである）　⑥大庾嶺＝梅嶺とも称し、江西・広東二省の境にあり、六祖慧能が慧明を接得した所。『六祖壇経』〝慧能即ち嶺頭に於て便ち正法を伝う〟　⑦臘月蓮＝十二月の蓮、あり得ないことの喩え。『義雲和尚語録』永平寺語録拾遺〝無上の大乗を稟受すること、実に火裏の氷、臘月の蓮なり〟

〔口語訳〕維那は到る処で雷声を響かして雲水を導き　立ちどころに似而非禅《えせぜん》を打ち砕いた　けさ正《まさ》に仏法そのものを知ろうと思うが　大庾嶺の伝法のことは十二月の蓮のように希有《けう》のこと〈門四―298〉

〔評言〕接心会での維那の労苦を謝したものでしょう。雷親爺や熱血教師が希有となった今日、味わいたい偈頌です。

〔84〕

謝泰監寺①
丙②丁童子来求火
驀③直逢煙且莫休
弄④得金⑤星明⑥歴歴
臘梅爛発旧⑦枝頭

泰監寺《たいかんす》に謝す
丙丁童子《ぴょうじょうどうじ》　来りて火を求め
驀直《まくじき》煙に逢い　且《しばら》く休むこと莫《な》し
金星を弄得《ろうとく》して　明歴歴
臘梅爛発《ろうばいらんぱつ》す　旧枝頭

①泰監寺＝伝不詳。監寺は〔49〕参照。　②丙丁童子＝〔3〕の①参照。　③驀直＝まっしぐら。『正』菩提分法〝進神足は、百尺竿頭驀直歩なり〟　④弄得＝自由にとり扱う。『碧』八十九〝雪竇一句を弄得し活せしめて道《い》う〟　⑤金星＝明星に同じ。〔74〕の④参照。　⑥明歴歴＝はっきりしている。『正』梅華〝明明歴歴、梅花影裏に相覓むるを休めよ〟

⑦旧枝頭＝古い枝の先。『正』梅華〝先師天童古仏、上堂示衆に云く、「一言相い契えば……梅華旧枝に満つ」〟

〔口語訳〕丙丁童子は自分が火の神であるのに他に火を求め　真向《まっこう》から煙を浴びても少しも休むことがない（釈尊が見悟した）明星を自在に会得してはっきりし　十二月の梅が（丙丁童子が求める火のように）古い枝先に咲き乱れている〈門四―299〉

〔評言〕「丙丁童子来求火」の商量で悟った報恩玄則は、法眼文益《ほうげんもんえき》（八八五―九五八）の下《もと》で監寺を勤めていました。それでこの［84］が構想されたのでしょう。自己本来の面目を「弄得」してしまうと、「金星」も「臘梅」も、丙丁童子自身の火（＝仏性）なのです。

［85］

①臘月二十五
一年将暮又逢春
②生滅③因縁豈煩人
拈得④千差兼万別
⑤打成一片脱⑥根塵

臘月二十五
一年将《まさ》に暮れ　又　春に逢わんとす
生滅の因縁　豈《あ》に人を煩《わずら》わさんや
千差と万別とを拈得し
打成一片《たじょういっぺん》　根塵を脱せん

①臘月二十五＝ここは宝治二年（一二四八）十二月二十五日の上堂。②生滅＝［80］の⑩参照。『大般涅槃経』十四〝諸行無常　是生滅法　生滅滅已　寂滅為楽〟③因縁＝万象が直接原因と間接原因（縁）によって、果を生じたり滅したりする理。『正』諸悪莫作〝因縁と生滅と衆善と、おなじく頭正《ずしん》あれば尾正《びしん》あり〟（……はそれぞれ始めと終わりがある）

④千差万別＝種々多くの差別。『碧』七十三〝若し千差万別只だ是れ一般なりと知らば、自然に八面に敵を受けん〟

⑤打成一片＝一つになりきる、心と境（対象）が一体になる。『正』行持上〝洞山いはく、「われ、打成一片を欲して坐

禅弁道すること、已に二十年なり」〟　⑥根塵＝眼耳鼻舌身意の六根と、色声香味触法の六塵。相対的な主観と客観。『碧』六十二〝霊光独り耀いて迥《はる》かに根塵を脱す〟

〔**口語訳**〕この一年は（あと六日で）暮れて新春を迎えようとしているが　（年が始まったり終ったりするような）生滅の因縁は人を煩わしはしない　もろもろの千差万別の事象をとらえて　心と境とを一体にするなら、相対的な主客の世界から脱却するだろう〈門四―302〉

〔**評言**〕道元はこの偈に続けて〝根塵を脱したとしても、煩悩の汚れが全くない清浄法身が自己であると認めてはならぬ〟と厳しく戒めています。〝修証は一如であって、証（清浄法身の自己）だけ認めて、修をなおざりにしてはならぬ〟という教えだと思います。さあ、足の痛みをこらえて、線香一本分坐りましょう。

[86]

歳①朝

大吉歳朝坐禅
衲僧弁道平然
人人笑面春色
仏②仏鉢③盂現前
梅④謌一曲千峰雪
謝⑤郎満意釣魚船
参⑥

歳朝

大吉なり　歳朝の坐禅
衲僧《のうそう》の弁道　平然《へいぜん》たり
人人《にんにん》の笑面《しょうめん》　春の色
仏仏の鉢盂《はつう》　現前す
梅謌《ばいか》一曲　千峰の雪
謝郎意に満つ　釣魚船《ちょうぎょせん》
参《さん》

①歳朝＝［52］［61］に既出。ここは宝治三年（一二四九）。②仏仏＝［5］［37］の起句参照。この句は〝仏仏は鉢盂に現前す〟とも訓《よ》める。③鉢盂＝はち。応量器。『正』鉢盂〝鉢盂はこれ仏祖の身心なりと参学す〟④梅謌一曲＝梅のうた。梅華楽と同じか。『正』優曇華〝かくのごとくなりといへども、梅華楽を慶快す〟⑤謝郎云々＝［61］の最終句参照。⑥参＝垂示や法語の終りに用いて、言外の玄旨をさらに参究せよと勧める語。「しっかり坐れ」。

〔**口語訳**〕非常にめでたい、元旦の坐禅は　雲水の精進功夫はふだんと同じである　人々の笑顔は春のようで仏々（の眼睛《めだま》や光明）が鉢として目《ま》のあたりに在る　梅のうた一曲が流れ千峰の雪が連なり　玄沙師備（道元《わたし》）は釣り船の中（永平寺僧堂）で魚を釣って（雲水を接化して）心満ちている　――しっかり坐りなさい――

〈門四―303〉

〔**評言**〕［52］［61］と大同小異で、元旦の只管打坐を喜び、雲水を激励しています。

［87］　含①華百鳥献牛②頭　　華を含みし百鳥　牛頭《ごず》に献じ
投③子当初儀売④油　　投子《とうす》は当初　売油を儀《はか》る
才⑤不才三十五里　　才と不才と　三十五里
古今道⑥得進⑦将修　　古今道得す　進と修と

①含華云々＝牛頭法融の室におきた神異。『景』四〝後に牛頭山幽棲寺北巌の石室に入る。百鳥銜華の異有り〟②牛頭＝四祖道信の嗣の牛頭法融（五九四―六五七）。道元は牛頭をあまり尊敬していない。『正』仏向上事〝牛頭山の法融

禅師は……うらむらくはいまだ向上の関棙子をしらず〃　③投子＝翠微無学の嗣の投子大同（八一九―九一四）。『正』行持上〝雪峰のむかし、洞山にのぼれりけんにも、投子にのぼれりけんにも〃　④売油＝投子と趙州が売油の問答をして、投子が大悟の禅機を示したことをさす。『景』十五〝趙州曰く、「久しく投子に嚮い到来して、只だ箇の売油翁を見る」と〃　⑤才不才三十五里＝才と不才との差は、距離にすると三十五里もある。『蒙求』に、不才の曹操と才の楊修の故事がある。『法華玄義釈籤』〝才と不才と三十五里〃　⑥道得＝きっちりと言う。『正』道得〝諸仏諸祖は道得なり〃　⑦進将修＝不明。曹娥の碑文を見てから三十五里進んでやっと意味が解った不才の曹操と、碑文の意味を立ちどころに理解した楊修をさすか。または、張華「励志」〝徳を進め業を修む〃に拠るか。あるいは牛頭（進）と投子（修）か？

〔**口語訳**〕百鳥が花を銜《くわ》えて来て牛頭に献上し　投子は昔、油を売っていた　（楊修の如き）才人と（曹操のような）不才人とは三十五里の違いがあり　昔も今もその進と修との違いをぴったり言っている〈門四―313〉

〔**評言**〕結句の「進将修」が意味不明です。⑴曹操と楊修、⑵進徳と修行、⑶牛頭と投子の三つが考えられます。しかし、禅はこういう相対的比較を超越するのですが――。解りません。

〔88〕

春雨春①風春草②木
黄鶯蚯③蚓及蝦蟆
不能疑著永④平道
何必霊⑤雲見桃華

春雨春風　春の草木
黄鶯蚯蚓《こうおうきゅういん》　及び蝦蟆《がま》
疑著《ぎじゃく》する能《あた》わず　永平の道
何ぞ必ずしも霊雲桃華を見ん

①春風＝春の風。『正』優曇華〝たとひ春風ふかく桃華をにくむとも、桃華おちて身心脱落せん〃　②草木＝『正』自

証三昧〃その経巻といふは、尽十方界、山河大地、草木自他なり〃　③蚯蚓及蝦蟇＝みみずとがま。『正』眼睛〃いはくの金剛眼睛は……蝦蟇啼き、蚯蚓鳴なり〃（先師如浄が言う金剛（ダイヤモンド）の眼玉というのはガマが鳴きミミズが鳴くことである）　④永平道＝道元の言葉。　⑤霊雲見桃華＝［9］の②参照。

〔口語訳〕無情の春の風雨や草木も　　有情のうぐいす・ミミズ・ガマも（大自然の摂理＝仏法を説いている）　この永平《わたし》の言葉は疑うことはできないぞ　　どうして霊雲の桃花を見る必要があろう〈門四―317〉

〔評言〕「桃華」でなくても、「春雨春風春草木」や「黄鶯蚯蚓蝦蟇」でも悟れるのです。語注②の用例文がこの［88］のテーマです。しかし、安易な汎神論に堕ちてはなりません。

［89］　端坐①身②心脱落
祖師鼻孔空③華
正伝壁④観三昧
後代児孫説邪⑤

端坐は身心《しんじん》脱落《だつらく》なり
祖師の鼻孔は空華《くうげ》なり
壁観《へきかん》三昧を正伝し
後代の児孫《じそん》　邪を説く

①端坐＝作法通りに正しく坐ること。『正』弁道話〃この三昧に遊化するに、端坐参禅を正門とせり〃　②身心脱落＝身も心も一切の束縛から脱却して大悟すること。『正』三昧王三昧〃先師古仏云く、「参禅は身心脱落なり」〃。なお、如浄の心塵を道元は身心と聞き誤ったのだという説がある。　③空華＝眼病者が空中に見る実在せぬ花。道元は逆に真実在の意味に用いることが多い。『正』空華〃諸仏の法すなはち空華なり……諸仏如来この空華を修行し〃。蛇足ながら、筆者の書斎を空華庵という。　④壁観＝［74］の語注⑧参照。　⑤邪＝よこしまで誤ったこと。しかし道元は邪の中に真

をみる。『正』空華〝たれかしらん、この邪の亦是真如なることを〟（この誤っていることも、真如の深い意味があることを、果たして誰が知っているだろうか）

〔口語訳〕端坐は身心の脱落である　祖師の鼻は空中幻覚の花（真如の匂い）を嗅《か》ぐ　達磨の面壁禅定を正伝して　後代の児孫の道元《わたし》は誤ったこと（実は真如）を説いている〈門四―318〉

〔評言〕道元の用語は、単に辞書的意味だけで読むと、とんでもない誤りを犯します。結句の「邪」がそうです。道元は石霜の俗弟子張拙（五代宋初の人）の悟道頌に拠って、〝真如に背するこれ邪なり、真如に向するこれ邪なり、真如は向背なり、向背の各各にこれ真如なり〟と凡俗には難解の論理を展開しています。筆者は、〝諸法実相〟（存在するものは在るがままで真実である）にあてはめて、邪法も実相であると解するのです。

〔90〕

浴①仏

教催二②龍各運水
摩③耶灌沐誕生身
如抛兜④率天諸⑤楽
似染人⑥間界六⑦塵
把定泥⑧団曾作仏
撈来水⑨月認為神⑩
大⑪悲願海無涯岸

浴仏

二龍を催《うなが》し　各《おのおの》に水を運ばしめ
摩耶《まや》灌沐《かんもく》す　誕生の身
兜率天《とそってん》の諸楽を抛《なげう》ちたる如く
人間界の六塵を染むるに似たり
泥団《でいだん》を把定《はじょう》して　曾《かつ》て仏を作り
水月を撈《と》り来り　認めて神と為《な》す
大悲願海　涯岸《がいがん》無く

済度衆生脱苦⑫津
最⑬末後身真其始
唯⑭我独尊実其因
好⑮時節老不老
断⑯癡断貪断瞋
増長霊山木⑰杓力
衲僧窟裏出⑱頭人

衆生を済度《さいど》し　苦津《くしん》を脱せしむ
最末後《さいまつご》の身は　真に其の始め
唯我独尊　実に其の因なり
好時節　老も不老も
癡《ち》を断じ　貪《どん》を断ち　瞋《しん》を断つ
霊山《りょうせん》木杓の力を増長すれば
衲僧窟裏　出頭の人ならん

①浴仏＝[71]参照。ここは建長元年（一二四九）。　②二龍＝八大龍王の中の難陀と跋難陀。釈尊誕生時、冷温の二水流を下して産湯として供した。　③摩耶＝釈尊の生母の摩訶摩耶。出産後七日に死す。　④兜率天＝欲界六天の、下から四番目。兜率の意訳は喜楽。外院は天衆の欲楽処。『正』行仏威儀〝釈迦牟尼仏は、迦葉仏の所より正法を伝へて、兜率天に往きて、兜率陀天を化し、今に在る有り〞　⑤諸楽＝いろいろな楽しみ。語注④の喜楽や欲楽の楽をいう。⑥人間界＝六道の一で凡夫の世界。『正』行仏威儀〝人間の釈迦はこのとき滅度現の化をしけり〞　⑦六塵＝色声香味触法の六境が人間の身に入って心を汚すので塵という。　⑧泥団＝泥の塊、煩悩妄執の喩え。『碧』二十八〝若《も》し是れ泥団を弄する漢ならん時は〞、『永』四―319〝仏とは泥団土塊なり〞　⑨水月＝真法身は水に映る月の光のように、物に応じて形を現わす喩え。『正』都機〝いはゆる如水中月の如如は水月なるべし〞（いわゆる如水中月の如は、単にごとしではなく水月そのものであろう）　⑩神＝ここは第五句の仏と対なので天上神か。『正』礼拝得髄〝神も境となる、鬼も境となる〞　⑪大悲願＝仏菩薩の衆生を救おうとする誓願。『正』渓声山色〝大慈大悲のふかく広度衆生の願の老大なる〞　⑫苦津＝河津のように深い苦しみ。『大智度論』十一〝将に人の苦津を出でんとするや大道に通ず〞　⑬最末後身＝命の終る身。『碧』七十三〝釈迦老子は一代時教を説き、末後に心印を単伝す〞　⑭唯我独尊＝釈尊が降誕時に、自分は世界中で最上最高の者であるという自覚をのべたもの。『正』行仏威儀〝これは人仏の唯我独尊の道得なり〞

⑮好時節＝よい時期。『正』面授〝このときこれ仏法あらたに入泥入水の好時節なり〟　⑯断癡云々＝愚癡・貪欲・瞋恚の三毒（三つの根本煩悩）を断つこと。　⑰木杓＝［55］の⑤、［82］の⑤参照。　⑱出頭人＝他より勝れた者。『碧』三〝箇の中、誰か是れ出頭人ぞ〟

〔口語訳〕二頭の龍即ち難陀《なんだ》と跋難陀《ばつなんだ》に催促してそれぞれ温水と冷水を運ばせ　摩耶夫人《まやぶにん》は生まれた釈尊の身体を洗った　釈尊は兜率天のさまざまな楽しみをなげ捨て　人間界に生まれて六塵に染まったようである
彼は泥の塊り（煩悩）で仏を作り　水中の月を掬《すく》い取って神（心）とした　仏の衆生救済の誓願は海の如く果てしなく　衆生を彼岸に度《わた》して深い苦しみから脱却させた　命終《みようじゆう》の後は心印単伝の真《まこと》の始めで　「唯我独尊」と唱えたのがその因《きっかけ》である　四月八日はよい時節である、老いも若きも　貪瞋癡《とんじんち》の三毒を断ち　霊鷲《りようじゆ》山《せん》の修行の力を増すと　僧堂で第一人者になるであろう〈門四―320〉

〔評言〕釈尊誕生時の有様と、成仏後の大慈大悲を詠ったあと、永平寺雲水を激励しています。身・塵・神・津・因・瞋・人の上平十一真の脚韻を用い、『永平広録』の中で最長篇の偈頌です。

［91］

鈍①使利②使　　鈍使《どんし》　利使《りし》
即③心即仏　　即心　即仏
通④身遍身　　通身　遍身
何物無物　　何物か無物《むもつ》なる
有問為⑤甚　　「甚《なん》と為《し》てか」と問う有らば

劈⑥面一⑦払　　劈面《ひつめん》一払《いっぽっ》せん

①鈍使＝心を頑《かたく》なにし、心の働きを鈍くする煩悩。貪・瞋・癡・慢・疑の五鈍使がある。②利使＝断じ易い猛利の煩悩で、有身見・辺見・邪見・見取見・戒禁取見の五利使がある。③即心即仏＝心こそが仏にほかならぬこと。『正』弁道話〝即心即仏のことば、なほこれ水中の月なり〟④通身遍身＝全身がそのもので、余分なものが全く無いこと。『碧』八十九〝遍身是通身是、拈じ来って猶お十万里に較《あた》れり〟（遍身と言うのもよい、通身と言うのもよいが、しかしまだ宗旨の本分からは十万里も隔たっている）⑤為甚＝なぜ、どうして。『碧』九十一〝人人具足、甚と為てか知らざる〟（仏性は人々は生まれた時から持っているのに、どうして気がつかないのか）⑥劈面＝ヘキメンとも読む。正面からまっしぐら。『碧』二十〝拈起して劈面に便ち擲《う》たん〟⑦一払＝ひとはらい。『碧』九十八〝思明は衣袖を以て払一払して便ち行く〟

〔**口語訳**〕五鈍使や五利使の煩悩の　その心こそが仏にほかならぬ　通身や遍身の　どの物が身体でないことがあろう　「なぜそうなのか」と問う者がいたら　その者を真向《まっこう》から張り倒してやろう〈門四―321〉

〔**評言**〕「鈍使利使」は、道元の著述の中には管見に入りません。使・心・身・物の文字を、各句の第二と第四に配置したのは、道元の〝文学ごころ〟でしょうか。しかも最後の二句で、そういう文学ごころを、問者と共に鎧《がい》袖《しゅう》一触してしまっています。

〔92〕　結①夏　　結夏

雲水安②居共作③家　　雲水安居《あんご》し　共に作家《さっけ》

豈拈凡④聖定生涯
衲僧鼻⑤孔一穿去
向夏更香五⑥葉華

豈《あ》に凡聖《ぼんしょう》を拈《ねん》じ　生涯を定めんや
衲僧の鼻孔　一穿《いっせん》し去らば
夏《げ》に向って更に香る　五葉の華

①結夏＝［11］［40］参照。ここは建長元年（一二四九）。②安居＝禁足して修禅する夏安居。『正』安居〝夏安居にあふは諸仏諸祖にあふなり〟③作家＝修行僧を導く老練の師家。『正』光明〝光明を学得せる作家まれなるものなり〟④凡聖＝凡夫と聖人。迷える衆生と悟った仏。『正』安居〝はるかに凡聖の境界を超越せり〟⑤鼻孔＝［66］の結句参照。⑥五葉華＝［11］の語注④参照。

〔**口語訳**〕雲水は夏安居で、共に勝《すぐ》れた禅者になる　どうして凡夫と聖人とに相対的に二分して生涯を決定づけられようぞ　衲僧《じぶん》の鼻に綱を通して自修自証するなら　この夏安居の間に五枚の花びら（六祖以来の正法）が香《かお》るであろう〈門四—322〉

〔**評言**〕この日の上堂語〈門四—322〉によると、［92］は次の宏智正覚《わんししょうがく》（一〇九一—一一五七）の偈に次韻したものです。「凡聖通同共一家。寂光田地看生涯。而今選仏心空去。自有丘園開覚華。」（凡夫も聖人も同じ屋根の下で　仏国土の悟境を得て生涯を送る　いま僧堂で心を空にして坐禅すると　おのずから寂かな花園に悟りの花が開くだろう）（『宏智禅師広録』巻四）

［93］　端①午

五月五日天中節

端《たん》午《ご》

五月五日　天中節

遍②吉文③殊儀俗流　　遍吉《へんきつ》・文殊　俗流に儀《なら》う
拈来一④茎丈六草　　一茎丈六の草を拈来し
養得潙⑤山水⑥牯牛　　潙山の水牯牛《すいこぎゅう》を養い得たり

①端午＝［73］参照。ここは建長元年（一二四九）。　②遍吉＝普賢の意訳語。文殊と共に釈迦如来の脇士で、仏の理・定・行の徳を代表する。『法華義疏』十二〝普賢者……此土に亦た遍吉と名づく〟　③文殊＝釈迦如来の脇士で、仏の智・慧・証の徳を代表する。『碧』八十七〝善財乃ち一枝草を拈じて文殊に度与す〟　④一茎丈六草＝釈尊の身長と同じ一丈六尺の草。『碧』四〝有る時は一茎草を将《もっ》て丈六の金身と作《な》して用い、有る時は丈六の金身を将て一茎草と作して用う〟　⑤潙山＝［76］の⑤参照。　⑥水牯牛＝雌または去勢した雄の水牛。本来の面目を行じる人の喩え。『正』行持上〝しるべし、一頭の水牯牛は二十年在潙山の行持より牧得せり〟

〔口語訳〕五月五日は天中節で　普賢も文殊も俗習をまねて薬草を用いている　釈尊の身長と同じ一丈六尺の草を取って来て　潙山にいる水牯牛を牧《やし》なった〈門四―326〉

〔評言〕端午――薬草――（善財）――文殊――一茎草――牧草――水牯牛と、道元の連想は豊かに続いています。

［94］　無①始劫来生死本　　無始劫来《むしごうらい》　生死の本《もと》
癡人喚作本②来人　　癡人喚《よ》んで　本来人と作《な》す
途③中顚倒更流布　　途中顚倒して　更に流布《るふ》す

大④地山河清⑤浄身　　大地山河　清浄の身

①無始劫来＝始めが分らないほど遠い昔から。『正』仏性〝無始劫来は、癡人おほく識神を認じて仏性とせり、本来人とせる、笑殺人なり〟（遠い昔から愚か者は認識の主体を仏性となし、本来人としている、まことにお笑いぐさである）
②本来人＝自己本来の真実に目ざめた人。　③途中＝修行の途中。『正』仏性〝この語は世俗の言語として、ひさしく途中に流布せりといへども〟　④大地山河＝『正』渓声山色〝清浄本然なる山河大地を山河大地とあやまるべきにあらず。しかあるを、経師かつてゆめにもきかざれば、山河大地を山河大地としらざるなり〟（本来清浄なる山河大地を、観念上の山河大地と誤ってはならない。しかるに経典の学問だけの師家は、そういう事を聞いたことがないので、この山河大地こそ本来清浄な山河大地であることを知らないのである）　⑤清浄身＝清らかな身。『正』渓声山色〝東坡居士……山色は清浄身に非ざる無し〟。仏身のこと。

〔口語訳〕起源のわからぬ遠い昔からの生死の本《もと》を　　癡《おろ》か者は本来の真実人と呼んでいる　　ところが修行の途中に逆になって世に広がり伝わっている　　大地山河こそ本来清浄の仏身なのである〈門四―328〉

〔評言〕道元は、〝心とは山河大地なり、日月星辰なり〟（『正』即心是仏）と、心と山河大地は一如であり、〝この山河大地、みな仏性海なり〟（『正』仏性）と、私たちを包蔵する大自然が、仏性にほかならないと、教えておられます。

［95］心①不能縁　　心は縁《えん》ずること能《あた》わず
思②不能議　　思《し》は議《ぎ》すること能わず

直須退③歩荷④担
切忌当⑤頭触⑥諱
風月寒清古⑦渡頭
夜⑧船撥⑨転琉⑩璃地

直《た》だ須《すべか》らく退歩荷担《たいほかたん》すべし
切に当頭諱《き》に触るることを忌《い》む
風月寒清《かんせい》なり　古渡《こと》の頭《ほとり》
夜船撥転《はってん》す　琉璃《るり》の地

①起句＝『碧』三十三〝門云く、「……心縁ぜんと欲して慮亡するは、妄想に対するが為なり〟（雲門が言った、「心に手がかりを得ようとして、思いがなくなるというのは、妄想に対しているからである」）　②思＝思量。『正』法性〝思量不思量、ともに法性なり〟　③退歩＝根本にもどり反省する。『普勧坐禅儀』〝須らく回光返照の退歩を学すべし〟　④荷担＝担荷に同じ。担ぐこと、人の為に力を尽くすこと。『碧』二十七〝須らく是れ全身担荷して眉毛を惜しまず〟（全身で人の為につくして眉毛が抜けるのも惜しまず）　⑤当頭＝⑴直接に、⑵対立する。　⑥触諱＝いやな事に触れる。『碧』四十三〝正中来……但だ能く当今の諱に触れず〟（本来の面目を現わす……ただ当代天子の諱にふれるような大罪を犯さない）　⑦古渡頭＝古い渡し場のあたり。『円悟心要』〝古渡頭辺和泥合水〟　⑧夜船＝夜の船。『三体詩』張祜「金山寺」〝僧は帰る夜船の月〟　⑨撥転＝⑴転回する、⑵法輪を転じる。『正』大悟〝自を撥転せず〟　⑩琉璃＝青色の宝玉、ガラスの古称。『正』見仏〝深心に信解せば……此の裟婆世界は、其の地琉璃にして〟

〔**口語訳**〕心は手がかりにすることができず　思量もあれこれ議《はか》ることはできぬ　ただ自己本来の根本にもどって人の為につくせ　直接人のいやがることをするな　風冷たく月が清い古い渡し場（仏祖の教え）から夜船の向きを変えて琉璃の地の娑婆世界（即《そく》仏国土）に向かうがよい〈門四―337〉

〔**評言**〕四言・六言・七言それぞれの対句が美しく整っています。議・諱・地の脚韻は支部の古詩通押です。四言・六言は只管打坐の自利向上、七言では利他向下を詠っていて、文学ぶっている凡俗には構成の妙が感得されます。

［96］　参禅求仏莫図仏①　　参禅して仏を求むとも　仏を図《はか》る莫《な》かれ
図仏参禅仏転②疏　　仏を図って参禅せば　仏転疏《てんそ》す
塼③解鏡消何④面目　　塼《せん》解《と》け鏡消え　何の面目ぞ
纔知到此用功⑤夫　　纔《わず》かに知る　此に到りて功夫を用うるを

①図仏＝仏となるのを目的とする。『正』古鏡〝馬祖いはく、「坐禅は作仏を図る」と〟　②転疏＝転疎。おろそかになる。『正』仏性〝あはれむべし、学道転疎なるによりて、いまの失誤あり〟　③塼解鏡消＝瓦も鏡も解消して無くなる。［75］の起句参照。　④何面目＝自己本来の面目が無いこと。顔が合わせられない。『正』仏経〝仏道を正伝せざらん祖師は、なんの面目ありてか人天と相見せん〟　⑤功夫＝［31］の語注⑤参照。

〔口語訳〕参禅して仏法を求めても仏と作《な》ることを意図してはならぬ　作仏を目的に参禅すると仏法はおろそかになるのだ　南嶽が磨く塼《かわら》が砕けて鏡も消滅したら本来の面目などは無くなってしまう（面《かお》も塼鏡に映せぬ）　そこで功夫修行すること（の不可欠なの）がやっと解るだろう〈門四—338〉

〔評言〕筆者《わたし》は何を求め何を図《はか》って、道元偈頌評釈に没頭しているのでしょう。言うまでもなく「求仏」「図仏」が目的なのですが、不可欠の「功夫」に直入できない宿業を情けなく思っています。いやいや、評釈に没頭しているることが、即ち、「仏のいへになげいれ」させて頂いているのだと感謝しています。

［97］明[①]明百草拈来用
養得水[②]牛頭[③]角生
頭角到時牛直到
南[④]泉潙[⑤]嶠得春耕

明明たる百草　拈来して用い
水牛を養得して　頭角《ずかく》生ず
頭角到る時　牛直《ただ》に到る
南泉と潙嶠《いきょう》　春耕し得たり

①明明百草＝明らかに現前している多くの草。差別界の一切のもの。龐居士は、その百草頭に祖師西来意（真の仏法）を認めた。『正』授記〝これを明明たる百草頭、明明たる仏祖意といふ〟。［11］の起承句参照。　②水牛＝［93］の⑥水牯牛参照。　③頭角生＝⑴つのが生える。煩悩が生じる喩え。⑵大へん嬉しい喩え。『正』龍吟〝猶帯喜在《ゆうたいきざい》はさらに頭角生なり〟　④南泉＝［54］の③参照。『景』八に、〝趙州従諗が師の南泉に「大悟の人はどうあるべきか」と問うと、南泉は「山前の檀家の水牯牛になる」と答えた〟という記述がある。泥水をかぶる牛のように衆生の中で慈悲行を行なうべきことを教えたのである。　⑤潙嶠＝潙山霊祐のこと。［76］の⑤参照。

〔口語訳〕眼の前に明白にある多くの草（真の仏法の象徴）を取ってきて　水牛を飼うと角《つの》が生えてきた（嬉しくなった）　角が生えると牛は真直《まっすぐ》にやって来て　春田を耕すが、そのように南泉と潙山は慈悲行を行じたのである〈門四―340〉

〔評言〕「頭角生」は語注③の⑴の比喩かも分りません。それなら結句は煩悩多き雲水を、南泉と潙山とが接化する意味になります。連想豊かに、多義に解せるのも漢詩を読む妙味です。

[98]　天童忌①斎②

今日焼香先師古仏
不知鼻孔③現在④何方
五千里海縦悲涙
二⑤十年来幾断腸

天童忌斎
今日　先師古仏に焼香す
鼻孔現在何方なるかを知らず
五千里海　悲涙を縦《ほしいまま》にし
二十年来　幾《ほとん》ど腸を断つ

①天童忌＝[56]の①参照。ここは建長元年（一二四九）。②斎＝忌日などに僧に施食供養すること。『正』示庫院文〝斎僧の法は敬を以て宗と為す〟　③鼻孔＝[51]の②参照。④現在＝いま現に在る。『正』伝衣〝わがくにに仏衣とどまりて現在せり〟　⑤二十年来＝建長元年は天童二十三回忌。

〔**口語訳**〕七月十七日の今日、先師如浄古仏の霊に焼香する　先師の鼻孔（本来の面目）はいま何処に在るのであろう　五千里の海を隔てた越前で思いのまま悲涙を流し　二十年このかた殆んど断腸の思いで過ごしている
〈門四—342〉

〔**評言**〕転結句は対句で、いわゆる後対です。後対は結句が転句に付き過ぎて、結びのしめくくりが難しい技法なのです。〝周弼《しゅうひつ》曰く、此の体（＝後対）唐人の用いること亦た少《まれ》なり〟と『三体詩』に述べられています。悲しみの思いは、しめくくりの無い型の方がふさわしいでしょう。もちろんそんな技巧意識は、道元には無かったでしょうが。

永平広録巻五

〔99〕一①世年光夕②電中
万③縁誰繫始④終空
縦怜鼻孔面前掛
猶惜片時弁道功
良⑤久云
千峰秋色染時雨
頑⑥石住⑦山豈逐風

一世の年光　夕電《せきでん》の中
万縁誰か繫《つな》がん　始終空《くう》なり
縦《たと》い鼻孔の面前に掛るを怜《あわれ》むとも
猶《な》お惜しむ　片時弁道の功を
良久して云く
千峰の秋色　時雨《じう》に染まり
頑石《がんせき》の住山　豈に風を逐《お》わんや

①一世＝一世一代のこと。『正』四禅比丘〝古徳曰く、「孔丘……只だ是れ一世の内にして、過未を渡らず。未だ仏法の三世を益するに斉《ひと》しからず」〟　②夕電＝夕暮れ時の稲光。はかない喩え。　③万縁＝あらゆる事物や因縁。『正』行持上〝ただながく名利をなげすてて、万縁に繫縛せらるることなかれ〟　④始終＝始めから終りまで、すべて。『正』仏性〝たとひ双放双収すとも、なほこれ業識の始終なり〟（たとい二つとも放ち捨てても、なおこれは業識の全体である）　⑤良久＝しばらくの間。無言のさまをいう。『正』他心通〝ときに三蔵ややひさしくあれども、茫然として祇対なし〟　⑥頑石＝無情の石。『正』家常〝頑石ならんや、鉄漢ならんや〟　⑦住山＝⑴寺院の住職、⑵山林に隠棲すること。『永』十―自賛1〝住山の頑石〟は道元自身をいう。

〔**口語訳**〕現世の一生の年月は夕方の稲光の如くはかない　様々な因縁に誰が束縛されようぞ。一生は全て空（諸法空相）なのだ　たとい自分の鼻（本来の面目）が顔前にあるのをいとおしんでも　それでも片時なりとも修行功夫の時間を惜しむのである　しばらく沈黙して言った　峰々の秋景は時雨《しぐれ》（時勢）で染まるが　無情の石の如き住職《わたし》は世間の風を追うことはない〈門五―346〉

〔評言〕「片時を惜しんで」の修証を、道元《じぶん》や衆僧に求める四句に加えて、「良久」のあとの二句をここだけ異例に付加したのは、筆者の大好きな良寛さんの、

もみぢ葉の散る山里は聞きわかぬ　時雨《しぐれ》する日もしぐれせぬ日も
秋もややうら寂しくぞなりにけり　小笹に雨の注ぐを聞けば

という歌を想起したのにほかなりません。凡俗《わたし》には「頑石の住山」の教えは厳《きび》しくて厳しくて――。

〔100〕　九月初一[①]

今朝九月初一　　今朝は九月初一
三打板[②]鳴坐禅　　三打板《はん》鳴り　坐禅す
脱[③]落身心兀[④]兀　　脱落身心　兀兀《ごつごつ》たり
猶如無手行拳　　猶《な》お手無くして拳《けん》を行ずるが如し

①九月初一＝建長元年（一二四九）九月一日。『永平広録』には、このほか五回の九月初一の上堂法語がある。陰暦九月一日は陽暦九月十九日前後で、坐禅の好時節であり、道元はこの日、いつも坐禅に関する法語をのべている。②板＝版とも記す。方丈、庫司、僧堂、首座寮などに掛ける木製の鳴器。『正』優曇華〝僧堂いま版をとりて雲中に拍し〟③脱落身心＝〔89〕の語注②参照。『正』優曇華〝弄精魂とは祇管打坐《しかんたざ》、脱落身心なり〟④兀兀＝〔26〕の語注⑤参照。

〔口語訳〕今朝は九月朔日《ついたち》で　三つ版木が鳴り坐禅する　身も心も一切の束縛から脱して不動の結跏趺坐をする　それは丁度手が無くて拳を打つようなものだ〈門五―347〉

〔評言〕結句の「無手行拳」は、凡俗には説明のしようがありません。悟をも求めぬ空に徹した只管《ひたすら》の表象でしょう。

[101]

七①仏蒲②団今欲③穿　　七仏の蒲団　今穿《うが》たんと欲し
先師禅④板已相⑤伝　　先師の禅板　已《すで》に相伝《しょうでん》す
眼睛鼻孔可端⑥直　　眼睛鼻孔　端直《たんじき》なるべく
頂対青天耳⑦対肩　　頂は青天に対し　耳は肩に対す

①七仏＝過去七仏。毘婆尸《びばし》仏・尸棄《しき》仏・毘舎浮《びしゃぶ》仏・拘留孫《くるそん》仏・拘那含牟尼《くながんむに》仏・迦葉《かしょう》仏・釈迦牟尼仏。『正』嗣書〝七仏より慧能にいたるに四十仏あり〟　②蒲団＝坐禅の時、尻の下にしく。『正』行持下〝その年月に蒲団二十枚を坐破す〟　③欲＝[15]の③参照。　④禅板＝坐禅の時に身を寄せかけるための道具。『正』諸法実相〝蒲団禅板の阿耨菩提なる、みな此経に属せり〟（蒲団や禅板がそのまま無上の悟りであるというのも、皆この経に属しているのである）　⑤相伝＝あい伝える。『正』袈裟功徳〝仏祖相伝の正伝を伝受すべし〟　⑥端直＝端正でまっすぐ。『正』仏性〝揚眉瞬目それ端直なるべし〟　⑦耳対肩＝『正』坐禅儀〝かならず耳と肩と対し、鼻と臍と対すべし〟

〔口語訳〕七仏から伝わった蒲団は今まさに破れようとし　先師の禅板はもう道元《わたし》に伝わっている　打坐の時の眼と鼻は真直《まっすぐ》にし　頭頂は天に向かい、耳は肩と相い対している〈門五—348〉

〔評言〕「蒲団」「禅板」にこめられている只管打坐の禅者の思いが、語注②④でひしひしと伝わって来ます。

〔102〕　可惜哉皮①肉骨髄
知②音知後更知音
時人欲問西③来意
面④壁九年在少林

惜しむべき哉《かな》　皮《ひ》肉骨髄《にくこつずい》
知音《ちいん》知りて後　更に知音す
時人西来《せいらい》の意を問わんと欲せば
面壁九年　少林に在り

①皮肉骨髄＝皮・肉・骨・髄の一つ一つが身体の重要な部分なので、正伝の仏法の喩え。『正』袈裟功徳〝三世の諸仏の皮肉骨髄を正伝せるなり〟　②知音＝まことの友。『正』坐禅箴〝知人の眼目あらんとき、仏祖をも知音すべきなり〟　③西来意＝達磨が西天竺から東の中国に渡来した意義。仏法の真髄のこと。『正』祖師西来意〝西来意を問著するときは、喃西来意にて問著するなり〟　④面壁九年＝達磨が少林寺で壁に面して九年間坐禅したこと。

〔口語訳〕大切にすべきだぞ、諸仏の皮肉骨髄の正法を！　理解したら一そう正法が深くわかる　世間の人が「達磨西来の意（仏法とは何ぞや）」を問うたなら　「達磨は少林寺で九年間面壁したのだ（それが正しい仏法だ）」と答えよう〈門五―350〉

〔評言〕　無し

〔103〕　大①道無②心合人
人無心合於道

大道無心なれば　人に合《かな》い
人無心なれば　道に合《かな》う

箇[3]中意如何識　　箇中の意　如何《いかん》が識らん
鰕[4]鱇未参海[5]老　　鰕鱇《がま》　未だ海老《かいろう》に参ぜず

①大道＝大きい道。『老子』〝大道廃《すた》れて仁義有り〟。ここは仏道のこと。『正』弁道話〝坐禅弁道して仏祖の大道を会通す〟。『永』八—法語2〝大道本より名字無し、這箇の道理を認得して強いて大道と名づく〟　②無心＝思慮分別を超絶すること。『正』安居〝このゆゑに、無言無心は至理にかなふべし〟　③箇中意＝言葉では表わせない真実。『正』三昧王三昧〝仏祖の堂奥に箇中人なることは〟　④鰕鱇＝蝦蟇とも表記。［88］の③参照。単に跳ねるだけなので一知半解の浅学の禅者の喩え。『正』眼睛〝いはくの金剛眼睛は……蝦蟇啼なり〟　⑤海老＝エビ、海中の老動物。ガマと同じく腰が曲がり跳ねる。鰕とも表記。『碧』六〝鰕跳ねれども斗を出でず〟（エビはいくら跳ねても桶から出られない。自分の器でないことの喩え）

〔**口語訳**〕仏法の大道は無心だとその人に合《かな》い　人は無心であると仏道と一体になる　この意味はどうすれば識ることができるだろう　ガマ（一知半解の雲水）はまだエビ（勝れた老師家）に参禅していない（参禅すれば大道無心が会得できるのだ）〈門五—351〉

〔**評言**〕「如何識」は結局〝不識〟でしょう。すると達磨が梁武帝の、〝朕に対する者は誰か〟という問いへの答が想起されます。「鰕鱇」は未熟の雲水や梁武帝、「海老」は道元や達磨に当てはめるのは、考えすぎでしょうか。

〔104〕　開[1]炉　　開炉

今日永平開火炉　　今日永平　火炉を開き

拈来古②鏡而為図③　古鏡を拈来して　図と為す
尋④常説法人皆聴　尋常の説法　人皆聴き
用⑤服袈⑥裟将鉢⑦盂　袈裟と鉢盂とを用服す

①開炉＝［33］参照。ここは建長元年（一二四九）十月一日。②古鏡＝古い鏡。一切を差別せずに映すので、仏性のありように喩える。『景』十八「玄沙師備」〝師、火鑪を指して曰く、「火鑪闊《ひろ》きこと多少ぞ」。雪峯曰く、「古鏡の闊さの如し」と〟③図＝意図。『正』坐禅箴〝坐禅かならず作仏の図なり〟④尋常＝ふだん、世の常。『正』栢樹子〝栢樹に仏性ありといふこと、尋常に道不得なり〟⑤用服＝使用し身につける。『正』伝衣〝袈裟はこれ吉祥服なり。これを服用するもの、かならず勝位にいたる〟⑥袈裟＝梵語ケサは柿渋色のこと。縫い合わせた布の数により、五条・七条・九条・十三条などある。『正』袈裟功徳〝袈裟はふるくより解脱服と称す〟⑦鉢盂＝［86］の③参照。

〔**口語訳**〕今日、永平寺では炉を開き　昔の鏡の故事を取り上げてそれを目あてとして自己本来の面目を磨く
ふだん説法は皆よく聴いて　袈裟を服《き》て鉢を用いているのである〈門五―353〉

〔**評言**〕転句の「尋常説法」は、住持道元のふだんの説法であり、また［33］の起承句のように火炉の説法でもあるのでしょう。

［105］学①道若鑚②火　学道は火を鑚《き》るが若《ごと》く
見煙未可休　煙を見て　未だ休むべからず
驀③直金星現　驀直《まくじき》に　金星現じ

世④間第⑤一頭　　世間第一頭なり

①学道＝仏道修行。『正』渓声山色〝いま、学道の菩薩も、山流水不流より学入の門を開すべし〟　②鑚火＝錐《きり》もみして火を作ること。『正』八大人覚〝譬へば火を鑚るに未だ熱からざるに而も息《やす》めば〟　③驀直金星＝〔84〕語注③⑤参照。④世間＝有情の世界。『正』諸悪莫作〝いはんや仏道と世間と……はるかに殊異あり〟　⑤第一頭＝一番すぐれている、究極の境地を得ていること。『正』大悟〝第二頭あれば、これよりかみに第一頭のあるをのこせるにはあらぬなり〟

〔口語訳〕仏道修行は錐《きり》もみして火を作るようなもので　煙を見てもまだ手を休めてはならぬ　まっしぐらに明星のような火が出る（悟る）と　有情世界で一番すぐれた者になる〈門五―355〉

〔評言〕この〔105〕は、次に記す龍牙居遁《りゅうげこどん》（八三五―九二三）の偈に和韻したものです。（○印は和韻の字）

学道は火を鑚《き》るが如し　煙に逢うとも且《しばら》くも休むこと莫れ　直《た》だ金星の現ずるを待ちて　帰家すれば是れ到頭なり

龍牙の転句の「待」を、「驀直」にかえたところに、道元の強い志気が表われています。

〔106〕

請典座①　　典座に請す

請②得当山木杓③　　当山の木杓に請得《しょうとく》し
欲伝雲水家風　　雲水に家風を伝えんと欲す
弥④天鼻孔主香⑤積　　弥天《みてん》の鼻孔　香積《こうしゃく》を主《つかさど》り
功⑥徳円成庫⑦院中　　功徳円成す　庫院《くいん》の中

①典座＝〔50〕参照。　②請得＝就任を請う。『正』嗣書〝一片心をなげて請得せりしなり〟　③木杓＝ここは木杓を扱う典座をいう。〔82〕の⑤参照。　④弥天＝空一ぱい。『正』現成公案〝全月も弥天もくさの露にもやどり〟　⑤香積＝香気が満ちている世界。転じて禅院で食事を調理する庫院。『正』示庫院文〝この大旨をえて庫院香積、これを行ずべし〟　⑥功徳＝〔60〕の⑧参照。　⑦庫院＝七堂伽藍の一で庫裏。『正』看経〝この経、さきより庫院にととのへ〟

〔口語訳〕わが永平寺の典座就任を要請して　雲水に当山の家風を伝えたいと思っている　典座の空一ぱいの鼻の穴（本来の面目）は香積局を主り　その功徳は庫院の中で円満成就するだろう〈門五―357〉

〔評言〕『典座教訓』の冒頭で、道元は、

古より道心の師僧、発心の高士、充《あ》てられ来たりし役職なり

と述べて、典座職に人を得ることは一山の一大事であるとしています。凡俗の三度の食事を調達する老妻に、道のため健康のために感謝しなければなりません。

「木杓」――「雲水」――「家風」――「鼻孔」――「香積」

と関連の深い語を連ねる文才は、天与のものだったのでしょう。

〔107〕

衲僧拄①杖黒如漆
不作世間凡②木儔
打破籮③籠公④案現
雪⑤梅頓発上枝頭

衲僧の拄杖《しゅじょう》　黒きこと漆《うるし》の如く
世間の凡木と　儔《とも》を作《な》さず
籮籠《らろう》を打破すれば　公案現じ
雪梅頓《とみ》に発《ひら》く　上枝の頭《ほとり》

①拄杖＝［1］の③参照。　②凡木＝平凡な木。『正』出家功徳〝凡木凡草のおよぶところにあらず〟　③籮籠＝網とかご。身心の自由を奪う煩悩妄想の喩え。『正』出家〝籮籠打破すれば、出家の日すなはち出家の日なり〟　④公案＝仏祖が開示した仏法の道理そのもので、修行者が参究すべき問題。『正』坐禅箴〝作仏にあらざるがゆゑに、公案見成なり〟　⑤雪梅云々＝雪の中の梅が急に咲く。諸法実相の真実が顕現すること。『正』梅華〝雪裏の梅華は一現の曇華なり〟

〔**口語訳**〕禅僧（道元《わたし》）の杖は漆のように真黒で　世間の平凡な木と同じではない　この杖で身心を束縛する網（煩悩妄想）を打破すると仏法そのものが顕現し　雪の中で梅花がぱっと枝先に咲くのである〈門五―359〉

〔**評言**〕「公案現」が「雪梅頓発」のようにと譬喩的に訳しますと、道元の心象が壊れ、或いは薄くなってしまいます。それは次の［108］の承句で明白です。

［108］

臘①八

明星正現仏成②道
雪③裏梅華只一枝
大④地有情同草⑤木
未⑥曾有⑦楽得斯時

臘八

明星正に現じて　仏　成道し
雪裏の梅華　只だ一枝
大地有情　草木と同じく
未曾《みぞう》有の楽しみ　斯《こ》の時に得たり

①臘八＝ここは建長元年（一二四九）十二月八日。　②成道＝菩提を完成して仏に成ること。臘八会を成道会ともいう。

『正』渓声山色〝大地有情同時成道し、見明星悟道する諸仏あるなり〟 ③雪裏云々＝『正』梅華〝先師古仏、上堂衆に示して云く、「瞿曇打失眼睛時、雪裏梅華只一枝」〟。『永』二―135〝天童に雪裏の梅華の語有り。師（＝道元）常に之を愛す。故に当山（＝永平寺）に住して後、多く雪を以て語と為す〟 ④大地有情＝非常の大地と有情の衆生。『正』発無上心〝釈迦牟尼仏言く、明星出現する時、我と大地有情と同時に成道す〟 ⑤草木＝〔88〕の②参照。 ⑥未曾有＝これまで無かったもの。『正』梅華〝未曾有をうるといふは、いまの法を得著するを称するなり〟 ⑦楽＝『永』五―360〝無量無数の大千界、依正一時に快楽生ず〟

〔口語訳〕 暁《あ》けの明星が正《まさ》しく出現して釈尊は仏陀と成り　雪中の梅花は只だ一枝だけ咲いた　大地も衆生も草木も同時に　これまで無かった快楽《けらく》をこの臘八の日に得たのである〈門五―360〉

〔評言〕 未曾有の快楽《けらく》の万分の一でも味わいたいものです。その楽しみは手の届かない対象的彼方にあるのではなく、只今此処《ここ》、自分自身に有るはずなのですが――。

〔109〕

太守①悦②書重到
毘③盧蔵海古今伝
三転法④輪於大⑤千
千嶽万峰黄⑥葉色
衆⑦生得道一時円

太守の悦び書重ねて到る
毘盧《びる》蔵海《ぞうかい》　古今に伝わり
法輪を大千に三転す
千嶽万峰　黄葉の色
衆生得道して　一時に円《まどか》なり

①太守＝道元の外護者の波多野出雲守義重。「大蔵経を書写して、永平寺に安置するように」と、鎌倉から書面で請う

て来る。②悦書＝道元が太守の請を受けいれた事を悦ぶ書簡。③毗盧蔵海＝仏性海や如来蔵と同義。毗盧遮那仏《びるしゃなぶつ》の体性が無限に広大なのを海に喩える。『正』海印三昧〃仏性海といひ、毗盧蔵海といふ。ただこれ万有なり〃④法輪＝〔13〕の②参照。『永』五—366に、『維摩経』仏国品から引用して〃法輪を大千に三転するに、その輪本来常に清浄なり〃とある。⑤大千＝三千大千世界の略。広大な宇宙。『正』八大人覚〃如来の正法いま大千に流布〃⑥黄葉＝秋の黄色の葉。『正』転法輪〃たとひ瓦礫なりとも、たとひ黄葉なりとも、……仏祖すでに拈来すれば仏法輪なり〃⑦衆生＝生きとし生けるもの。凡夫有情をいう。『正』三界唯心〃衆生は尽十方界真実体なり〃

〔**口語訳**〕海のように広大な仏性（法身仏）は大昔から今日まで伝えられ　大千世界で三度も法を説かれた（それが大蔵経である）　どの山もどの峰も黄葉に色づき　生きとし生けるものは（大蔵経のおかげで）仏道を会得して一ぺんに円成《えんじょう》する〈門五—362〉

〔**評言**〕大蔵経の功徳を讃え、「千嶽万峰黄葉色」すなわち山色こそ大蔵経に他《ほか》ならないことを詠っております。

〔110〕

為育①父源②亜相
永平拄杖一③枝梅
天④暦年中殖種来
五⑤葉聯⑥芳今未旧
根茎果⑦実誠悠哉

育父《いくふ》源亜相《げんあしょう》の為に
永平の拄杖　一枝の梅
天暦年中　種を殖《う》え来る
五葉　芳を聯《つら》ね　今に未だ旧ならず
根茎果実　誠に悠《ゆう》なるかな

①育父＝養育した父。実父と養父との二説がある。②源亜相＝村上源氏の久我通具。亜相は大納言。安貞元年（一二

二七）九月二日に死す。③一枝梅＝一本の梅の枝。『正』嗣書〝大梅祖師きたりて、開華せる一枝の梅華をさづくる霊夢を感ず〟④天暦＝九四七―九五七の年号。久我通具の祖の村上天皇の治世を天暦の治と称す。⑤五葉＝〔11〕の語注④参照。⑥聯芳＝釈尊より達磨を経て、綿々と仏法が伝わること。⑦果実＝『正』伝衣〝いかでか善根の種子をきざさん、いはんや果実あらんや〟

〔口語訳〕永平《わたし》の杖は一枝《ひとえだ》の梅であり　それは天暦年間に種子を植えて繁茂したものである　その梅の花弁（仏法そして村上源氏）は連綿として、今でも新しく栄えている　根・茎・果実はまことに途切れることはないなぁ〈門五―363〉

〔評言〕道元の実父は、源通親かそれとも通具か。その問題はともかくとして、村上源氏の子孫の繁栄と正法の正伝流布とを、重ねあわせて詠っています。道元も俗家系の弥栄《いやさか》を願わずにはいられなかったのでしょう。

〔111〕

証於甘露[1]則成仏　　甘露を証して　則ち成仏し
三転法[2]輪於大千　　法輪を大千に三転す
一[3]切人天皆得道　　一切の人天　皆得道し
三[4]宝於是現世間　　三宝是《ここ》に於て　世間に現《げん》ず

①甘露＝甘い露、不死を得る天酒、涅槃の喩え。『正』発菩提心〝この発心よりのち……大海をかけば、たちまちに甘露となる〟（この菩提心がおきて後に……大海を掻きまわすと忽ち甘露となる）②法輪云々＝〔109〕の承句と同じ。
③一切人天＝すべての人間界と天上界、迷いの世界。『正』梅華〝いまこの古仏の法輪を尽界の最極に転ずる、一切人

天の得道の時節なり〃（いまこの如浄古仏の説法は全世界のはて迄響きわたっていて、すべての人間や天人が仏道を得る好時である） ④三宝＝帰依すべき仏・法・僧を三つの宝に喩える。『正』袈裟功徳〝諸仏如来、仏法僧の三宝に慚愧懺悔すべし〃

〔口語訳〕 釈尊は涅槃《さとり》を証明して仏と成り　大千世界で三べんも法をお説きになった　すると人間界と天上界のすべてのものが仏道を会得し　これによって仏法僧の三宝が世間に現成したのである〈門五―366〉

〔評言〕 この〔111〕は『維摩経』仏国品の天人讃偈をふまえて作られています。「三宝現世間」は、波多野義重によって大蔵経が永平寺に蔵されたことをさしているようです。

〔112〕

即①心即仏是風顛②
直③指人心更隔天
三酌欲窮巨④海水
一時勘⑤破野⑥狐禅

即心即仏　是れ風顛《ふうてん》
直指《じきし》人心《にんしん》　更に天を隔《へだ》つ
三酌窮《きわ》めんと欲す　巨海の水
一時に勘破す　野狐の禅

①即心即仏＝〔91〕の③参照。 ②風顛＝常軌を逸した行動やその人。禅では親しみをこめて相手を許す言葉。『臨済録』〝黄檗云く、這《こ》の風顛漢〃 ③直指人心＝人の心そのものを指すこと。『伝心法要』〝直指人心、見性成仏〃 ④巨海＝広大無尽の法界を海に喩える。『正』神通〝毛呑巨海のみにあらず、毛保任巨海なり、毛現巨海なり〃（一本の毛が大海を呑みこむだけでなく、一毛が大海を支え、一毛が大海を現出させる） ⑤勘破＝相手を見ぬく。 ⑥野狐禅＝〔83〕の④参照。

〔口語訳〕（馬祖大師が言う）「心こそ仏にほかならぬ」というのは常軌を逸しており　「人の心そのものをズバリ指す」という言葉も常識から遠く隔たっている　大海の水（無尽の仏法）を杓三杯で酌《く》み尽すようなものでそんな似而非《えせ》禅などは一ぺんに見破ってしまえ〈門五―368〉

〔評言〕「即心即仏」も「直指人心」も、深い意味をもつ禅語で、よくよく参究しなければなりません。しかし、その言葉に執らわれると「野狐禅」に堕ちてしまうというのです。禅語をひねくり回す筆者への痛棒です。

〔113〕

有心①想入禅②定　　心想有りて　禅定に入り
三③十四心計④会　　三十四心　計会《けえ》す
朝⑤四暮三用得　　朝四暮三　用い得て
当⑥中及尽皮袋　　中に当って　尽皮袋《じんぴたい》に及ぶ

①心想＝心とその働き。『永』五―372〃仏言く、「我に心想有り、但だ定に入りしのみ」と〃　②禅定＝禅那。坐禅してありのままの境地に入ること。『正』見仏〃釈迦牟尼仏、一切の証菩提の衆に告げて言く、「深く禅定に入りて、十方仏を見たてまつる」〃　③三十四心＝不明。三十四祖の心か。『正』仏道〃釈迦牟尼仏より曹渓にいたるまで三十四祖あり〃。或は、僧堂の三十四人の雲水の心か。　④計会＝はかる、集中する。『正』諸悪莫作〃万善は無象なりといへども、作善のところに計会すること、磁鉄よりも速疾なり〃（どんな善も形が無いとはいえ、善をなす所に集中するのは、磁石よりも早い）　⑤朝四暮三＝『荘子』斉物篇に、狙公という人が七箇の木の実を猿に朝暮に四箇と三箇とに分けて与える寓話がある。師家の臨機応変の指導法をいう。　⑥当中＝みごとに当る。

〔口語訳〕心の働きがあるままで坐禅三昧に入り　三十四の心を集中する　狙公《そこう》が木の実を朝に四つ暮に三個与えて猿を納得させたように臨機応変に指導して　それがうまく的中して全雲水を接化する〈門五―372〉

〔評言〕「三十四心」とは、〃八忍・八智・九無礙・九解脱〃と解説する先学の註釈がありますが、それがどういうものなのか、筆者には分りませんでした。

〔114〕　有①心已謝②
無心未様③
今生活④命
清浄為上

有心《うしん》　已《すで》に謝す
無心　未だ様《よう》ならず
今生の活命《かつみょう》
清浄をば　上と為《な》す

①有心＝悟りなどを求める心。『正』礼拝得髄〃有心にても修行し、無心にても修行し、半心にても修行すべし〃　②謝＝⑴縁を切る、⑵感謝する。『正』阿羅漢〃大いに人の世を忘れ、永く塵寰を謝す〃（全く人の世を忘れ、永く俗世と縁を絶つ）　③様＝ありさま、かたち。『正』神通〃真仏は無形なり、真法は無相なり。祇麼《ただ》に幻化の上頭に模《も》を作し、様を作す〃（お前はただ幻術師の所作にさまざまな妄想を描いているのである）　④活命＝命をつなぐこと。生活。『正』祖師西来意〃忽ち他に答うる時、翻身活命なり〃（彼に答える時は、全身ひるがえって命をつないでいるのである）

〔口語訳〕求める心はもう断ち切った　無心はまだ相《かたち》として捉えていない　生きている今の命は　清浄が最上である〈門五―373〉

〔評言〕凡俗は幸せ・安心・悟りを求める「有心」を断ち切ることはできません。漠然と「無心」という言葉は知っていますが、その言葉に対応する境地は理会していません。ではどうしたらよいのでしょう。結句のように「清浄」につとめるほかありません。

〔115〕　衲僧学道[①]要参禅　　衲僧の学道　参禅を要す
脱[②]落身心法見[③]伝　　脱落身心して　法見伝す
一切是[④]非都不管　　一切の是非　都《すべ》て管せず
不同小[⑤]小普[⑥]通年　　小小に同《どう》ぜざる　普通の年

①学道＝〔105〕の①参照。　②脱落身心＝〔100〕の③参照。　③見伝＝現に伝わっている。『永』四―304〝親しく密印を承けて、師資の骨髄見伝す〟　④是非＝よしあしの分別。『正』十方〝外道魔党のごとく是非毀辱することあらざるなり〟　⑤小小＝小さいもの。『正』神通〝大潙いはく、「われ適来寂子《せきらい》と一上の神通をなす。不同小小なり」〟（潙山霊祐が言った、「私は先ほど仰山慧寂とすばらしい神通をしていたのだ。小さいもんじゃないぞ」）　⑥普通年＝梁の年号（五二〇―五二六）『正』光明〝梁武帝の御宇、普通年中にいたりて、初祖みづから西天より南海の広州に幸す〟

〔口語訳〕禅僧の修行には参禅が不可欠である　　身心が一切の束縛から脱却して仏法は伝わるのだ　　あらゆる分別是非はすべて関わりは無い　　梁の普通年中に伝わった達磨の法はちっぽけなもんではないぞ〈門五―375〉

〔評言〕日本の〝平成年〟に伝わる仏法も「不同小小」なのです。

［116］

①蒲団禅板②趙州茶
③十二時中不説邪
④古仏曾参⑤端的意
⑥和修伝著⑦仏袈裟

蒲団禅板　趙州の茶
十二時中　邪を説かず
古仏曾《かつ》て参ず　端的の意
和《わ》修《しゅ》伝え著《ちゃく》す　仏袈裟を

①蒲団禅板＝［101］の語注②と④参照。　②趙州茶＝趙州従諗（七七八—八九七）は僧を試問するたびに、「お茶を飲め」と示した。それが公案となる。仏法が日常生活の中にあることを示す。『正』家常〝先師いはく、「誰在画楼沽酒処　相邀来喫趙州茶」〟　③十二時＝一日、常に。『趙州録』下に「十二時歌」がある。『永』十—偈頌118「十二時頌」食事辰〝未だ趙州を討《たず》ねざるに飯茶に飽く〟　④古仏＝⑴古の仏、⑵昔の高徳僧。『正』古仏心〝おなじくこれ古仏の功徳なるべし〟　⑤端的＝［83］の⑤参照。　⑥和修＝印度付法第三祖の商那和修（？—前八〇六）。『景』一に伝記がある。『正』袈裟功徳〝商那和修尊者は第三の付法藏なり、うまるるときより衣と倶生せり。この衣、すなはち在家のときは俗服なり、出家すれば袈裟となる〟　⑦仏袈裟＝［104］の語注⑥参照。

〔**口語訳**〕坐禅蒲団や禅板や趙州の茶は　常に邪を説かず、そのもの自体が正法である　昔の仏祖や高徳は正に仏法そのものの真実を参究し　商那《しょうなわ》和修《しゅ》は出生時から仏袈裟を着用していた〈門五—380〉

〔**評言**〕道元は、〝袈裟はこれ仏身なり〟（『正法眼蔵』伝衣）と説く「袈裟」のみならず、蒲団・禅板・茶の日用具までも、仏身として受用すべきことを説いています。在俗の私たちは、今持っているペンや箸を仏身だと思ったことはありません。悲しく恥ずかしいことです。今より、しっかり日用具を照顧しましょう。大自然の因縁の理

（法身仏）によって、ペンや箸が現に私の手中に在るのです。

［117］

鬼①著分明説禅　鬼著《きじゃく》して　分明に禅を説き

其鬼去已如顚②　其の鬼去り已《おわ》れば　顚《てん》ずるが如し

不③識不為正伝　正伝を　識《し》らず為《な》さず

誰知不会邪偏　誰か知らん　邪偏を会せざるを

①鬼＝⑴死霊、⑵地獄の獄卒、⑶鬼神、即ち変化自在で仏法を守護する者。⑷凶悪で人畜を悩ます。『正』行持上〝南泉いはく、「老僧修行のちからなくして鬼神に覰見せらる」〟　②顚＝風顚（［112］の②）か、顚倒（［10］の⑥）か？　③不識＝［44］の④参照。『正』法華転法華〝法華のいまし法華なる、不覚不知なれども、不識不会なり〟（法華が正に法華たることは、覚えず知らず、識らず会得せず、一向に覚知しようがない）

〔口語訳〕鬼神がとりつくと、はっきり禅を言葉で説き　その鬼神が自分から去ってしまうと迷い倒れたようになる　正伝の仏法を、覚知を超えて行じなかったら　邪《よこしま》と偏《かたより》とを会得していないことに気がつかないだろう〈門五—382〉

〔評言〕各句末の禅・顚・伝・偏はみな下平一先の韻です。「鬼」に執らわれても、否定し去ってもならないこと、つまり平常心是道を詠っているのですが、分別的論理に慣れた凡俗には理会（理解ではない）し難い境地です。「邪偏」も只だ排除せずに「分明」に知らなければなりません。

〔118〕有箇衲①僧拄杖　箇の衲僧の拄杖有り
上堂喫飯随身　上堂喫飯　身に随《したが》う
一撃自②他面③目　自他の面目を一撃すれば
天上人間絶隣　天上人間　隣を絶す

①衲僧拄杖＝〔107〕の起句参照。『永』五―383〝拄杖今永平の手裏に在り〟　②自他＝⑴自己と他人、⑵本来具わっている心性と他性。『正』大悟〝仏知者あり。……自他の際を超越して、遮裏に無端なり〟（仏知者は自他の領域を超えていて、その端を捉えることもできぬ）　③面目＝⑴顔かたち、⑵本来の面目。『正』眼睛〝打のゆゑに、人人は箇箇の面目あり〟（打って鍛えるので、人それぞれの本来の面目が出てくる）

〔口語訳〕一本の衲僧《わたし》の杖があり　上堂にも食事にも道元《わたし》につき従っている　この杖で自分や他人の面目を一撃したら　天上界にも人間界にも比《くら》べる者が無くなるだろう〈門五―383〉

〔評言〕道元はこの『永平広録』五―383で、次のように述べています。
拄杖、今永平の手裏に有り。乃《すなわ》ち縦、乃ち横、乃ち杖を執って視るなり。更に又、你《なんじ》に問う、「還《ま》た牧牛を得るや」と。

道元は拄杖を縦横にふるって、牧牛（雲水を指導）するのです。ああ凡俗の筆者もこんな師家についたなら――と思うのは、無いものねだりであり、しかも、本来の面目を具有する自己放棄なのでしょう。しかし、釈尊も独覚の人だったのです。

〔119〕　①天童和尚忌

天童今日打②巾斗
手挙三③千及大千
雖見東方阿④閦国
眼睛未到別⑤人辺

天童和尚忌

天童今日　巾斗《きんと》を打し
手に三千及び大千を挙《こ》す
東方の阿閦国《あしゆくこく》を見ると雖も
眼睛未だ別人の辺に到らず

①天童和尚忌＝〔56〕〔67〕〔76〕〔77〕〔98〕参照。ここは建長二年（一二五〇）七月十七日。②打巾斗＝〔77〕②の翻巾斗と同義。③三千及大千＝三千大千世界の略。④阿閦国＝阿閦は大日如来の下《もと》で発心し、東方世界で仏と成った、その仏国土をいう。『法華経』化城喩品〝其の二の沙弥は東方にて仏と作《な》り、一をば阿閦と名づけて歓喜国に在《いま》し〞⑤別人＝〔53〕の語注②参照。

〔口語訳〕天童和尚は七月十七日の今日、とんぼがえりして　手で広大な宇宙をもち上げた　とんぼがえりして東方世界の阿閦国を見たのだが　眼玉はまだ雲水《おまえ》たちなど別人に到っていない〈門五―384〉

〔評言〕永平寺の雲水《おまえ》たちも「打巾斗」して、天童和尚の「眼睛」を自己の面《かお》につけよ、と説いているのでしょう。道元は『正法眼蔵』光明で、

東方は彼此の俗論にあらず、法界の中心なり。……仏土といふは、眼睛裡なり。（東方というのは東西南北の方角のことではなく、法界の中心である。……阿閦国などの仏土というのは、自分の眼玉の中にあるのである）

と述べています。この教えを〔119〕の転結句に重ね合せて、参究すべきでありましょう。

〔120〕

謝維那[①]
鉄[②]鎚無孔
仏[③]祖単[④]伝
拈得用承[⑤]虚接響
一時打殺野[⑥]狐禅

維那《いの》に謝す
鉄鎚《てっつい》は無孔にして
仏祖単伝す
拈得《ねんとく》して用い　虚を承《う》け響を接《つ》ぎ
一時に打殺《たさつ》す　野狐の禅

①維那＝〔83〕の①参照。　②鉄鎚無孔＝〔83〕の②無孔鉄鎚を参照。　③仏祖＝〔13〕の①参照。　④単伝＝純粋に相伝すること。『正』仏性〝仏祖の児孫のみ単伝するなり〟　⑤承虚接響＝虚につけこみ響かせる。『虚堂録』〝承虚接響〟　⑥野狐禅＝〔83〕の語注④参照。

〔口語訳〕維那が用いる鉄鎚（指導）は、柄をつける穴が無くて手がつけられず（厳しく）　仏祖から純粋に伝わっている　鉄鎚は雲水の心の隙をついて音を響かせ　一ぺんに似而非《えせ》禅をぶち殺してしまう〈門五―385〉

〔評言〕道元は永平寺維那の厳しい雲水指導を、住持として感謝しているのです。

〔121〕

十二月初十[①]
雪雪千里万里
片[②]片不同不別

十二月初十
雪雪　千里万里
片片　同じからず別ならず

逐歌逐舞乾坤新
埋月埋雲火③井滅
五④葉六⑤華
応⑥時応節
不怕夜凍及歳寒
澗⑦松山⑧竹虚⑨心説

歌を逐《お》い舞を逐い　乾坤新しく
月を埋《うず》め雲を埋め　火井《かせい》滅す
五葉　六華
時に応じ　節に応ず
夜凍《やとう》及び歳寒《さいかん》を怕《おそ》れず
澗松山竹　虚心に説く

①十二月初十＝十二月九日の断臂会の翌日。『永平小清規』下に断臂会の項がある。ここは建長二年（一二五〇）。②片片＝一ひら一ひら。「龐居士好雪片片」という公案が『碧』四十二にある『碧』四十二〝好雪片片として別処に落ちず〟　③火井＝火を吹き出す穴。四川省の地名。　④五葉＝［11］の④参照。ここは雪を梅花に見たてたか。『正』梅華〝五葉は梅華なり。このゆゑに、七仏祖あり〟　⑤六華＝六枚の花弁のように見える雪の異名。　⑥応時応節＝ちょうどよい時。『正』葛藤〝祖なる時節あり、慧可なる時節あり〟　⑦澗松＝谷の松。松は歳寒の縁語。　⑧山竹＝山の竹。『正』諸法実相〝（天童古仏の）入室話にいはく、杜鵑啼山竹裂〟　⑨虚心＝心を空しくした状態。『正』四禅比丘〝道の教えたる、其の要は虚心に在り〟

〔**口語訳**〕雪だ雪だ千里万里は雪野原　雪の一片《ひら》一片《ひら》は同じでないが別々でもない　歌舞のように降って天地は真白に新たまり　月も雲も埋めて火の井戸まで消えてしまう　五弁の梅花や六花の雪は　この時節に応じてふさわしい　夜の凍《い》てつきも歳末の寒さも怕《おそ》れずに　谷の松や山の竹はそのままの姿で無心に法を説いている〈門五―392〉

〔**評言**〕はじめの六句は三つの対句で、巧まざる構成美があります。雲水も私たちも慧可断臂の求道心に倣って、雪中の「澗松山竹」が説く仏法を聴きとらねばなりません。〝山色は清浄身に非ざる無し〟ですから――。

[122]
仏①祖家風有期必会　　仏祖の家風　期有れば必ず会《え》し
黒②漆生光不関内外　　黒漆光を生じ　内外《ないげ》に関せず
又見四③山青又黄　　又見る　四山の青又黄なるを
草庵茅旧把薪蓋　　草庵茅《かや》旧《ふる》く　薪を把《と》りて蓋《おお》う
従他月色臨窓染　　他《か》の月色　窓に臨んで染むるに従《まか》せ
可惜風④流代宝⑤貝　　惜しむべし　風流の宝貝《ほうばい》に代るを

①仏祖家風＝[67]の承句参照。②黒漆＝黒いうるし。[102]の起句によれば道元の拄杖かも知れぬ。③四山＝四方の山。『正』行持上〝師（大梅法常）いはく、只だ四山の青又黄なるを見る〟④風流＝[4]の③参照。『正』別輯仏向上事〝風流を買うに銭をもちいず〟⑤宝貝＝たから、金銭。『正』家常〝吾草庵を結んで宝貝無し〟（石頭希遷《わたし》は草庵を結んで銭などのたから物は何もない）

〔口語訳〕仏祖の家風は時期が来れば必ず会得する　その時道元《わたし》の黒漆の杖は内も外も輝くのである　その上、四方の山の青や黄の樹木（法身仏）を見　草庵の屋根の茅《かや》が古くなると薪で（雨漏りを）覆う　月光が窓からさして庵を染めるにまかせ　この風流を金銭に代えることなど惜しくてできない〈門五―393〉

〔評言〕語注の③⑤を読んで、〝道元は大梅法常や石頭希遷を慕って、草庵生活を送ったのでは――〟と筆者は想像しています。なにしろ、道元は在宋中、〝大梅祖師きたり、開華せる一枝の梅華をさづくる霊夢を感ず〟（『正法眼蔵』嗣書）と述べているのですから。余談になりますが、道元は霊夢ひいては霊魂を信じていたようです。

〔123〕　開[1]炉

今朝吉[2]祥紅炉開
達[3]磨眼睛抉出来
縦使歳寒何欲比
一[4]華五葉雪[5]中梅

開　炉

今朝吉祥　紅炉開き
達磨の眼睛　抉出《けっしゅつ》し来る
縦使《たとい》歳《とし》寒くとも　何ぞ比《とも》を欲せん
一華五葉　雪中の梅

①開炉＝〔33〕参照。ここは建長二年（一二五〇）。②吉祥＝⑴めでたい、⑵永平寺の山号。『建撕記』〝是ヲ吉祥山ト名ケラルコトハ、吉祥ハ帝釈宮ノ名、又仏ノ成仏ノ時、吉祥草ヲシキ玉フ。今地ヲ平ゲ、伽藍ヲ建立スル処吉祥ナリ〟　③達磨眼睛＝達磨の目玉。『正』遍参〝抉出達磨眼睛を遍参とす〟　④一華五葉＝〔11〕の④参照。⑤雪中梅＝〔107〕の⑤の雪梅参照。

〔**口語訳**〕けさ、めでたく吉祥山永平寺に赤い炉を開き　達磨の目玉を抉《えぐ》り出して（火種にした）　たとえ冬の寒さが来ようと何で友が欲しかろう　達磨から五代、禅が花開いたように雪中に梅が咲いている〈門五―396〉

〔**評言**〕『スッタニパータ』第一章第三節は「犀《さい》の角《つの》」というタイトルが付いていて、〝犀の角のようにただ独り歩め〟と繰りかえし述べています。「比《とも》を欲し」ないのは、「紅炉」があるからでしょうか、「雪中梅」が咲いているからでしょうか。その両方でしょう。「何欲比」を、〝どうして「雪中梅」と比《くら》べられよう〟と、訓《よ》んだ方がよかったかも知れません。

〔124〕

風静大千界
鳥①啼山嶽幽
四衢明似暁
六②戸冷如秋
半③坐不④疑地
盃⑤中弓影浮

風静かなり　大千界
鳥啼《な》き　山嶽幽《ゆう》なり
四衢《しく》　明なること暁に似
六戸　冷なること秋の如し
半坐す　不疑の地
盃中　弓影浮かぶ

①鳥啼云々＝王籍「入若耶渓」に〝蝉噪《さわ》ぎて林愈《いよいよ》静かに　鳥鳴きて山更に幽なり〟の名句があり、王安石は、〝風定まりて花猶お落つ〟と対にして、詩論を展開した（『詩人玉屑』巻三参看）。②六戸＝不明。四衢に対して淋しい村落をいうか。③半坐＝釈尊が迦葉に半分の坐をわけた故事から、首座が住持の代りに説法し雲水を導くこと。『正』礼拝得髄〝住持および半座の職むなしからん……〟④不疑地＝大悟徹底の境地。『碧』二十一〝不疑の地に鉤在す〟（絶対境に鉤をぶちこむ）⑤盃中弓影＝疑心暗鬼の喩え。盃の中に蛇がいるのにおびえたのは、実は長押《なげし》にかけた弓の影が映っていたので安心したという寓話がある。『中峰広録』〝客盃の弓影に蛇疑を生ず〟

〔口語訳〕風が静かな広大な宇宙で　鳥が鳴くと山は一そう静まりかえる　賑やかな四辻《よつつじ》は朝のように明るく　六軒だけの淋しい村は秋のように冷たい　首座《しゅそ》は住持の道元《わたし》に代って絶対境（法座）に上り　盃に長押《なげし》の弓が映るように、ありのままの世界（諸法実相）を説く〈門五―397〉

〔評言〕この『永平広録』五―397の上堂法語のはじめで、〝仏祖の大道は処として周《あまね》からざる無く、物として具《そな》わらざる無し〃と、諸法実相の世界を述べています。それを眼耳鼻舌身の前五識で捉えて描写したのが、この［124］です。第五句によって、首座をテーマにした偈であることが推測されます。

［125］

請首座[1]
真[2]龍蟠[3]得巴[4]鼻
穿貫衲僧髑[5]髏
天雨宝[6]華慶快
地能呈瑞和[7]柔
全身半座何階[8]級
箇是永平第[9]一頭

首座《しゅそ》を請《しょう》ず
真龍　蟠《わだかま》って　巴鼻《はび》を得
衲僧の髑髏《どくろ》を穿貫《せんかん》す
天は宝華を雨《ふ》らして　慶快
地は能《よ》く瑞を呈して　和柔《わじゅう》す
全身半座す　何の階級ぞ
箇は是れ永平第一頭なり

①首座＝［35］の②参照。　②真龍＝本物の龍。『正』渓声山色〃たとひ正師にあふとも、真龍を愛せざらん〃　③蟠＝わだかまる。坐禅の姿。『正』三昧王三昧〃安坐すること龍の蟠るが如くせよ〃　④巴鼻＝［65］の②参照。　⑤髑髏＝⑴死人の頭蓋骨、⑵悟境に執着する死漢の喩え。『碧』六十六〃未だ口を開かざる時、敗欠を納了す、髑髏を穿過す〃（まだ何も言わないさきに、相手を負かしている。頭蓋骨を突きぬくような眼力を持っている）　⑥宝華＝美しい花の雨。『正』袈裟功徳〃聖徳太子……諸経講説のとき、天雨宝華の奇瑞を感得す〃。須弥壇の説法の座を宝華王座という。　⑦和柔＝柔和と同じ、やわらぐこと。『正』見仏〃柔和質直なる者は、則ち皆我が身此に在りて説法するを見る〃　⑧階級＝迷悟などの相対的なちがい、段階。『正』遍参〃いはゆる遍参底の道理は……何階級之有なり〃（ここにいう遍参の道理は……どうして段階などがあろうか）　⑨第一頭＝［105］の⑤参照。ここは首座のこと。

〔口語訳〕首座《あなた》は本物の龍が蟠《わだかま》るように坐禅して仏道をつかみ　雲水の頭蓋骨をくり抜くような眼力を具えている

首座の説法に天は花の雨をふらして慶《よろこ》び　大地は瑞祥を現わして柔和に説法を聞いている　住持《わたし》に代り全身で雲水を導いているのは何の段階の者か　これ即ち永平寺第一頭の首座である〈門五—398〉

〔評言〕永平寺教団の組織が整えられると、六頭首などに適任者を得ることが肝要になってきます。永平寺史にくらい筆者は、この頃の首座に就任したのが誰なのか不明です。

[126]

恰①恰無②綾縫
明明不③覆蔵
鷲嶽縦伝迦葉
少林豈授神④光
現成処処合⑤頭語
具足人人知⑥見香
虚⑦空演説森羅聴
不掛⑧脣皮解挙⑨揚

恰恰《こうこう》として　綾《あや》に縫《ぬいめ》無く
明明として　覆蔵《ふくぞう》せず
鷲嶽《じゅがく》　縦《たと》い迦葉に伝うとも
少林　豈《あ》に神光に授けんや
処処　合頭語《がっとうご》を現成《げんじょう》し
人人《にんにん》　知見香を具足す
虚空演説すれば　森羅《しんら》聴き
脣皮《しんび》に掛けず　解《よ》く挙揚《こよう》す

①恰恰＝⑴やわらぐさま、⑵丁度よい状態。　②無綾縫＝美しい絹布に縫い目がない。『碧』四十七〝雪竇善能《よ》く縫罅無き処に於て〟（雪竇は縫い目も欠け目もない所で）　③不覆蔵＝包み隠さない。『正』密語〝密語あれば、さだめて迦。

葉。不覆蔵あり〃（釈尊の親密の語があると、きっと迦葉は包みかくさない）④神光＝二祖慧可の幼名。『碧』四十七〃少林謾りに道う、神光に付すと〃 ⑤合頭語＝理にはかなっているが真実を得ない言葉。『碧』四十二〃古人道う、一句合頭語、万劫の繋驢橛と〃 ⑥知見＝分別した見解、智慧ではない。『正』弁道話〃従来雑穢の知見思量を截断して、天真の仏法に証会し〃 ⑦虚空＝［64］の④参照。『正』虚空〃講経はかならず虚空なり〃 ⑧掛唇皮＝言葉で言い表わす。『碧』三十五〃猶お唇歯に掛くること在り〃 ⑨挙揚＝仏法をあげて人を導くこと。『正』仏性〃数番挙揚すれども疑著するにもおよばず〃

〔**口語訳**〕仏法は綾絹《あやぎぬ》に縫い目が無いようぴったりつながり　明白で包み隠す所がない　霊鷲山《りょうじゅせん》でたとい仏法を迦葉に伝えたとしても　達磨はどうして慧可に授けることがあろう　仏法は到る処で理窟に合ってはいるが真実でない言葉で表現され　人々は智慧ではない分別知の香りを持っている　虚空が説法すると森羅万象が聴聞し　言葉で言い表わさなくても仏法は弘まるのである〈門五―400〉

〔**評言**〕五言・六言・七言の三つの対句をきれいに並べているのは、［95］［121］と同じ構成意識が知らず識らずに表われたのでしょう。蔵・光・香・揚は下平七陽の脚韻です。「合頭語」や「知見香」に執らわれないで、「虚空」の「不覆蔵」の法身仏の発信に、凡俗もきっちりと波長を合わせて受信したいものです。

［127］明①明百草更逢②春
拈得一③茎用④得親
丈⑤六金身興梵⑥刹
蓮⑦宮未染水中塵

明明たる百草　更に春に逢い
一茎を拈得して　用得《ようとく》親し
丈六の金身《こんじん》　梵刹《ぼんせつ》を興し
蓮宮《れんぐう》未だ水中の塵に染まず

殿裏元為主
堂中会接賓⑧
等⑨閑従仏経行処
三⑩界不如仏道人

殿裏《でんり》　元より主為《た》り
堂中　会《かなら》ず賓《ひん》を接す
等閑《とうかん》に仏に従い　経行《きんひん》する処
三界　仏道人に如《し》かず

①明明百草＝〔97〕の①参照。　②逢春＝『正』諸法実相〝実相の諸法に相見すといふは、春は華にいり、人は春にあふ……おなじくこれ相見底の道理なり〟（実相が諸法にまみえるということは、たとえば、春は花の中に入り、人は春に出あう……すべてまみえるということの道理である）　③一茎＝〔93〕の④参照。　④用得＝用いること。得は動詞のあとにつけて、可能や完成を表す。　⑤丈六金身＝一丈六尺の釈尊の身体。『正』発無上心〝ただ一茎草を拈じて、丈六金身を造作し〟　⑥梵刹＝清浄な国土、転じて寺院。『正』行持下〝梵刹の現成を願せんにも〟　⑦蓮宮＝不明。蓮華蔵世界の宮殿、寺院か。　⑧賓＝学人、雲水をいう。〔6〕の③参照。僧堂や仏殿では、向かって右が主位、左が賓位である。　⑨等閑＝〔74〕の⑥参照。　⑩三界＝欲界・色界・無色界。世間のこと。『正』三界唯心〝釈迦牟尼仏道《いわ》く……三界の外に衆生無く〟

〔口語訳〕明らかな百草（差別界の一切）はまた春に出あった　（帝釈天は）一本の草を取り寺院建立に用いた　草の長さと同じ一丈六尺の釈尊像は寺をおこし　その蓮華蔵世界の伽藍は水中の塵泥に染まらず清らかである
仏殿ではもともと師家が主位で　僧堂で必ず賓位の雲水を接化指導する　あるがままに坐禅から立って仏に従って経行《きんひん》すると　三界ではこの主賓の仏道者に及ぶ者はない〈門五―404〉

〔評言〕釈尊と帝釈天、師家と学人との主・賓を詠っております。「逢春」という語にも、道元の諸法実相観が現われていますので、語注②の文章は重要です。

〔128〕　臘八[①]

十方世界蒙光明[②][③]
一切衆生聞仏説[④]
拄杖袈裟共笑忻[⑤]
僧堂仏殿鉢盂悦[⑥][⑦]

臘八

十方世界　光明を蒙《こうむ》り
一切衆生　仏説を聞く
拄杖袈裟　共に笑忻《しょうきん》し
僧堂仏殿　鉢盂《はつう》悦ぶ

①臘八＝〔24〕参照。ここは建長二年（一二五〇）十二月八日。②十方世界＝東西南北の四方と、東南・東北・西南・西北の四維と上下を合わせた十方の広大な世界。③光明＝〔29〕の④参照。④一切衆生＝生きとし生けるすべてのもの。『正』仏性〝一切衆生の言、すみやかに参究すべし〟⑤拄杖袈裟＝〔1〕の③、〔104〕の⑤参照。⑥僧堂仏殿＝〔29〕の②参照。⑦鉢盂＝〔86〕の③参照。

〔口語訳〕広大な十方世界は仏陀の光明に照らされ　生きとし生けるものは仏の説法を聞く　身につける杖も袈裟も共に喜び笑い　僧堂仏殿そして鉢も（釈尊の成道を）悦ぶ（それが今日の臘八の日である）〈門五―406〉

〔評言〕筆者は「拄杖袈裟」を持ったことはなく、「僧堂仏殿」での生活経験もありません。殆んど毎朝、鉢伏《はちぶせ》・鉄枴《てっかい》・旗振《はたふり》の須磨三山から昇る旭光を浴び、樹間の鳥声を聞きながら村社にお詣りします。往復約五千歩、四十分ほどの散歩ですが、旭光は仏の「光明」であり、鳥声は「仏説」なのです。そのありのままを、身体で感得し理会したいと思って歩いております。

〔129〕

①祖師有箇②方便　　祖師に箇の方便有り
八倒未終③七顚　　八倒未だ終らざるに七顚す
④禅板蒲団拄杖　　禅板・蒲団・拄杖
今時作⑤火中蓮　　今時　火中の蓮と作《な》る

①祖師＝〔77〕の⑧参照。　②方便＝衆生を導く便宜な方法。『正』山水経〝先徳の方便、おほく葛藤断句をもちゐるといふは無理会なり〟　③七顚＝〔53〕の⑧参照。『碧』三十一〝這裏に到って七顚八倒、一切時中に於て大自在を得〟（こういう境地に到ると、七度転び八へん倒れる浮き沈みの世の中でも自由自在を得ることができる）　④禅板蒲団＝〔101〕の語注②と④参照。　⑤火中蓮＝火の中に蓮華が生じるという稀有のこと。『維摩経』仏道品〝火中に蓮華を生ずるは是れ希有と謂うべし〟

〔口語訳〕「祖師にはこんな方便があった」というのは　顚倒した考えで、八度倒れないうちに七へんも転んで迷っているのだ　禅板・蒲団・拄杖に象徴される修行は　今や火中の蓮華のように稀有《けう》のものになっている

〈門五―407〉

〔評言〕語注②の用例文は、大宋国の杜撰《ずさん》の輩の間違った考えで、道元はこれを酷《きび》しく批判しています。そして雲水たちに、「禅板蒲団」を用いての只管打坐や、「拄杖」をついての遍参弁道を、促しているのです。

〔130〕

先①妣忌辰
廃村禿株梅
洪②炉一点雪
驪③珠背④草鞋
誰怨長天月

先妣《せんぴ》の忌辰《きしん》
廃村　禿株《とくしゅ》の梅
洪炉《こうろ》　一点の雪
驪《り》珠《しゅ》　草鞋《そうあい》を背《はい》す
誰か怨まん　長天の月

①先妣忌辰＝亡き母の命日。先妣の実名も命日も不明。②洪炉一点雪＝紅炉とも記す。盛んに燃える炉の上の一片の雪。無常、跡が残らないことの喩え。『碧』六十九〝紅炉上一点の雪の如し〟　③驪珠＝黒い龍の頷《あご》の下にある珠。尊く得難く、本来の面目や仏性の喩え。『正』行持上〝しづかにおもふべし、驪珠はもとめつべし〟　④背＝裏打ちすること。『正』古鏡〝背すといふは、たとへば、絵像の仏のうらをおしつくるを、背すとはいふなり。獮猴の背を背するに、古鏡にて背するなり〟

〔口語訳〕廃《すた》れた村に花開かぬ梅の株があり　真赤な炉に一片の雪が落ちる　尊い珠（仏性）は草鞋《わらじ》（遍参修行）で裏うちされる　広い空の月を誰が怨んでいるのじゃ〈門五―409〉

〔評言〕起承句の「梅」と「雪」は亡き母の象徴（目に見えないものを象《かたち》に表す）でしょう。転句の「驪珠」と「草鞋」とは、語注④の古鏡と獮猴の関係と同じようですが、道元が何を言わんとしているのか、よく分りません。仏性（驪珠）と遍参（草鞋）とは一如ですのに、「先妣」が邸内にこもっていたことを悲しんでいるのでしょうか。

〔131〕

菩①薩発心業②識中

菩《ぼ》薩《さっ》の発心　業識《ごっしき》の中

豈憎愛秋③月春風
此娑④婆国土知不
尽⑤恒河沙世界東⑥

豈《あ》に秋月春風を　憎愛せんや
此の娑婆国土をば　知るや不《いな》や
尽恒河《じんごうが》沙《しゃ》世界の東なり

①菩薩＝菩提薩埵の略。当来に成仏する仏道者。『正』発無上心　〝菩薩は生死に於て最初に発心する時、一向に菩提を求め〟　②業識＝［67］の⑥参照。　③秋月春風＝『正』行持上　〝十年五載の春風秋月、しらざれども、声色透脱の道あり〟（十年五年の春秋の風月が過ぎるのは知らないが、その間に声も色も澄む言葉が生まれてくるのである）　④娑婆国土＝忍土、この俗世。『正』十方　〝この娑婆国土は、釈迦牟尼仏土なるがごとし〟　⑤尽恒河沙世界＝無量恒河沙世界、尽十方世界。『正』袈裟功徳　〝無量恒河沙の三千大千世界を統領せんよりも〟（数かぎりない三千大千世界を統治するより）　⑥東＝『正』光明　〝いはゆる仏祖の光明は尽十方界なり。……尽十方界は東方のみなり、東方を尽十方界といふ〟

〔**口語訳**〕菩薩は根本無明の中で発心していて　春秋の風月をどうして憎み又愛することがあろう　こういう娑婆国土を知っているか、どうだ？　ガンジス河の砂のような無量の大世界の東に娑婆はあるのだ〈門五―410〉

〔**評言**〕［119］の評語にも記しましたが、結句の「東」というのは、〝東方は彼此の俗論にあらず、法界の中心なり。……仏土といふは、眼睛裏なり〟という道元の「娑婆国土」観を、ここでもしっかり学ばなければなりません。「業識」が渦巻く娑婆で発心する私たちは、その「春風秋月」の娑婆が仏国土にほかならず、「尽恒河沙世界」の中心に在り、しかも私たちの眼睛裏にあることを、しっかり認識会得しなければなりません。それは分別知による科学的論理でなく、体験的無分別の宗教観の領域です。

〔132〕　如①鏡如何鋳万②像
未曽打破浄光明
万年錬得百千烹③
豈得瞞④他一点生

如鏡《にょきょう》如何《いかん》が万像《ばんしょう》を鋳《い》ん
未だ曽《かつ》て浄光明を打破せず
万年錬得して　百千も烹《に》る
豈に他を瞞ずること一点生ずること得んや

①如鏡＝鏡そのもの、ありのままの鏡。『正』古鏡〝光帰何処は、如鏡鋳像の如鏡鋳像なる道取なり〟（鏡の光は何処へ行ったのか、というのは、鏡そのものが像を鋳て像になるということを、言い表したものである）　②万像＝鏡に映ったあらゆる像。『正』古鏡〝いまこの万像は、なにものとあきらめざるに〟　③烹＝炉のなかで熔かし煮る。『碧』九十八〝烘罏裏に向かって纔かに烹るに至るに及んで、元来一点も使い著さず〟　④瞞他一点生＝だますことがちょっと生じる。『正』古鏡〝師云く、「雖不鑑照、瞞他一点也不得」といふは〟（南岳懐譲禅師が言った、「照らさないが、瞞すことは少しもない」というのは……）

〔口語訳〕鏡そのものはあらゆる像を鋳ることはしない　これまで清浄な光明を打破したこともない　鏡は何万年も精錬され、数百千年も炉で煮られるので　どうして一点とて瞞すことがあるだろう〈門五―411〉

〔評言〕凡俗《わたし》は『正法眼蔵』の中では、古鏡の巻が好きです。道元の言う「如鏡」は洗面所などにある縁《ふち》がついた鏡面ではなく、万象をありのままに映す無限大、永遠の鏡です。〝仏教といふは万像森羅なり〟（『正』仏教）という万像を映します。しかも私たち一人一人が背負っている鏡なのです。

［133］

中① 秋

誰言扇②鏡与之闕
往③往今宵皆見円
刹④海三千無⑤漏刻
鉢⑥盂口向⑦上天辺

中　秋

誰か言わん　扇鏡与《せんきょうとも》に之《これ》闕《か》くと
往往より　今宵皆円を見る
刹海《せっかい》三千　無漏《むろ》の刻《とき》
鉢盂の口は　天辺に向上す

①中秋＝ここは建長二年（一二五〇）八月十五日。　②扇鏡＝団扇と鏡。どちらも丸い。　③往往＝昔から。『正』転法輪〝両説すでに往往よりいまにいたれり〟　④刹海三千＝陸と海の三千世界、宇宙。『碧』九十九〝三千刹海夜沈沈〟　⑤無漏＝煩悩が無いこと。　⑥鉢盂＝はち。［86］の③参照。　⑦向上＝上に向かって進歩する。『正』仏向上事〝向上の道は不道なり〟

〔口語訳〕「団扇《うちわ》も円鏡もどちらも欠ける」と誰が言うのだ　昔から中秋の今宵《こよい》は皆円《まる》い月を見るのだ　今宵は陸も海も全世界は煩悩が無くなる時であり　鉢の円い口の如き名月は天の彼方に上って法を説くのである

〈門五―413〉

〔評言〕「中秋」の月を見て、みな「向上」の一機（仏の境界を究める機《はたらき》）を得るのです。それは皆一人一人が古鏡を背負っているからです。

永平広録巻六

[134]

請典座①

典座《てんぞ》を請《しょう》ず

満鉢色②香善至新
雲③門三昧在塵塵
直須顆粒不抛④散
妙転法⑤輪并食輪

満鉢の色香　善く新に至り
雲門の三昧　塵塵に在り
直《た》だ須らく顆粒《かりゅう》も抛散《ほうさん》せざるべし
法輪并《なら》びに食輪《じきりん》を妙転せん

①典座＝[50]の①参照。　②色香＝ここは食物とその香り。清浄な飯を香飯という。　③雲門三昧＝[50]参照。　④抛散＝なげ散らす。『碧』九十七〝一日厨前に米麺を抛撒す。洞山心を起して曰く〟　⑤法輪并食輪＝[50]の⑤⑥参照。

〔口語訳〕鉢一ぱいの食物と香りが新しく盛られ（新しい典座が就任し）　雲門文偃《うんもんぶんえん》が説いた三昧が一切の事象に現われて在る　どうか米麦の粒を散らかさぬように――　そうすれば一切衆生に法を説きまた食を満たすことができるだろう〈門六―416〉

〔評言〕典座《じぶん》が職責を全うすることによって、自分も雲水も「塵塵三昧」の境に入れるのです。

[135]

如①意摩尼満大千
争如独②坐明③窓下
不知虚度幾光陰
知者不修因④什麽

如意摩尼《にょいまに》　大千に満つとも
争《いか》でか明窓下に独坐するに如《し》かん
虚《むな》しく幾光陰を度《わた》りしかを知らず
知者の修せざるは　什麽《なん》にか因らん

①如意摩尼＝欲しい物を思いのままに出す珠。仏舎利が変じたものと言われる。『碧』八十九〝摩尼珠を以て網と為す〟　②独坐＝独り坐る。『碧』八十八〝争でか如かん、虚窓の下に独坐して〟　③明窓＝あかり窓。『正』重雲堂式〝明窓下にむかふては、古教照心すべし〟　④因什麼＝どういうわけで。『碧』八十五〝什麼に因ってか此の如くなるに到る〟

〔口語訳〕欲しい物が意のままに得られるという宝珠が広大な世界に満ちても　明窓の下で独坐するのには及ばない　それを知らずに空《むな》しくどれほど多くの年月を過ごしたことだろう　独坐の最勝なのを知っていて修行しないのは何故なのだろう〈門六―422〉

〔評言〕楽しい王宮を出て、菩提樹下で「独坐」して、ゴータマは覚者になったのです。転結句は、坐禅こそ安楽の法門であることを、「不知」者と「知者」を対比することによって、説いています。

〔136〕

浴[1]仏
衆生得父[2]領家[3]業
聖[4]者見[5]師可快哉
蟄[6]類須忻今慶幸
春闌弥愛一声雷
誰言兜[7]率陀天下
豈但摩[8]耶為聖[9]胎

浴仏
衆生父を得て　家業を領し
聖者師に見《まみえ》て　快哉なるべし
蟄類《ちつるい》須らく忻《よろこ》ぶべし　今の慶幸
春　闌《たけなわ》にして　弥《いよいよ》愛す一声の雷
誰か言わん　兜率陀《とそつだ》天より下《くだ》ると
豈《あ》に但《た》だ摩耶《まや》を聖胎《しょうたい》と為《な》さんや

一切恒河沙福⑩智
大千界上優⑪曇開

一切の恒河沙の福智
大千界上　優曇《うどん》開く

①浴仏＝［71］参照。ここは建長三年（一二五一）四月八日。　②父＝釈尊及び諸仏を父に喩える。『正』三界唯心〝かくのごとく吾子・子吾、ことごとく釈迦慈父の令嗣なり。……衆生の慈父は諸仏なり〟　③家業＝家の営み。『正』伝衣〝世間と仏道とその家業はかりしるべし〟　④聖者＝聖人、悟った人。『正』無情説法〝すでに体達することをえては、聖者の境界をはかりしるべし〟　⑤見師＝師家にまみえる。『正』見仏〝見仏、見師、見自、見汝の指示、それかくのごとくなるべし〟　⑥蟄類＝春雷で地中から出てくる虫たち。『嘉泰普灯録』〝一声雷発動すれば蟄戸一時に開く〟　⑦兜率陀天＝兜率天と同じ。［90］の④参照。　⑧摩耶＝釈尊の生母。［90］の③参照。　⑨聖胎＝聖なる母胎。仏性を蔵する神聖な肉体。『正』菩提分法〝諸仏菩薩、ともにこの四念住を聖胎とせり〟　⑩福智＝福徳と智慧。『正』仏性〝福智自由なり〟　⑪優曇＝三千年に一度だけ咲くという優曇華。『正』優曇華〝世尊、優曇華を拈じて瞬目す〟

〔**口語訳**〕生きとし生けるものは、父のような釈尊に出会って家業（仏道）を営み　聖人は師家（釈尊）に相見して「快哉」を叫んだ（今日はその釈尊の誕生日である）　地中の虫ども（修行者）は今日の幸せを喜ばねばならぬ
春酣《たけなわ》の四月八日の雷声（天上天下唯我独尊の偈）を愛するのである　釈尊は兜率天から人間界に下って来られたと誰が言っているのだ！　どうしてただ摩耶夫人だけを聖なる母胎だとしたのか　一切のガンジス河の砂の如き無数の福徳と智慧は　この広大な世界に優曇華のように開いている〈門六―427〉

〔**評言**〕四月八日の降誕会の日、「聖者」「蟄類」の生きとし生ける衆生は、「優曇開」の如き遇い難い仏法にあって慶《よろこ》んでいるのです。私たちは、こんな「慶幸」を実感として味わっているでしょうか。

〔137〕

亀毛兎角非同類
春日華明如月開
業識性将諸仏性
趙州拄杖一条来

亀毛兎角《きもうとかく》　同類に非ず
春日華明らかにして　月の如く開く
業識性《ごっしきしょう》と　諸仏性と
趙州の拄杖　一条来る

①亀毛兎角＝実体のない物に執着すること。『涅槃経』十三「聖行品」にある語。　②業識＝〔67〕の⑥参照。『正』仏性〝趙州いはく、「為他有業識在」と〟（趙州が言うに、「他によって生かされている生存は、宿業の識の生存である」と）　③諸仏性＝多くの仏祖が説いた仏性。『正』仏性に、馬鳴の仏性海、四祖の汝無仏性、五祖の是仏性、六祖の仏性無南北……などが述べられている。　④趙州＝〔116〕の②参照。　⑤一条＝杖が一本。『正』仏性〝なほこれ一条拄杖両人舁《かっ》なるべし〟（塩官斉安の有仏性の言葉は一本の杖を釈尊と塩官と二人で舁いでいるようなものであろう）

〔口語訳〕仏性は亀毛兎角のような実体の無い言葉と同類ではない　仏性は春の日の明るい花が月のように開いているようなものだ　宿業の識と諸仏祖が説く仏性と　趙州の狗子《くし》仏性の杖が一本やって来た〈門六―429〉

〔評言〕転結句は、『正法眼蔵』で二番目に長い仏性の巻を、十四字に凝縮したような句で、凡俗にはとても詩的に簡潔に口語訳できません。趙州の狗子仏性有無の話は、有無を超えた一本の杖のようなものだというのです。

〔138〕

仏樹和尚忌

仏祖甚深最妙旨
猶如今夢無先覚

仏樹《ぶつじゅ》和尚忌

仏祖の甚深最妙の旨は
猶お今夢の先に覚《さ》むる無きが如し

弟③兄仏口所生子
一④偈単伝是本⑤孝

弟兄《ていひん》は仏口《ぶっく》所生の子
一偈単伝　是れ本孝

①仏樹＝仏樹房明全（一一八四―一二二五）。建仁寺栄西の法嗣で、道元と共に入宋し、宝慶元年五月二十七日、天童山の了然寮で示寂。ここは建長三年（一二五一）五月二十七日の二十七回忌。『正』弁道話〝予発心求法よりこのかた、わが朝の遍方に知識をとぶらひき。ちなみに建仁の全公（＝明全）をみる。あひしたがふ霜華、すみやかに九廻をへたり〟　②甚深最妙＝非常に深く最も勝れている。『正』弁道話〝広大の仏事、甚深微妙の仏化をなす〟　③弟兄＝⑴阿難と迦葉、⑵道元と明全。　④仏口＝仏の口。仏説。『正』見仏〝仏口はよのつねに万古に開す〟（仏は三世つねに口を開きつづけておられる）　⑤一偈＝一首の詩句の型で述べた仏理。『永』六―435〝迦葉尊者、阿難尊者に問う、「何等の一偈か三十七品及び一切の仏法を出生するや」〟ここは、阿難が述べた七仏通戒偈をさす。　⑥本孝＝不明。仏祖に対する真の孝養であろう。

〔口語訳〕仏祖の深く勝れた宗旨は　いま初めから覚めない夢のようなものである　阿難と迦葉（道元《わたし》と仏樹和尚）とは仏の口から生まれた仏子である　だから「諸悪莫作《まくさ》　衆善奉行《ぶぎょう》　自浄其意《ごい》　是諸《ぜしょ》仏教」の偈を純粋に正伝するのがまことの孝なのだ〈門六―435〉

〔評言〕承句（第二句）がよく解りません。『正法眼蔵』夢中説夢の〝好夢は諸仏身なりといふこと、直至如今更不疑なり〟（「さめないよい夢は、諸仏の身体である」ということは、今に至って疑う所なく覚《さ》めていて明白である）ということを詠っているのではないでしょうか？

〔139〕

翠①竹桃華是画②図
胡③蘆藤種纒胡蘆
胡④鬚赤更赤鬚胡
喫⑤粥了分洗鉢盂

翠竹《すいちく》桃華　是れ画図
胡蘆《ころ》藤種《とうしゅ》　胡蘆を纒《まと》う
胡鬚赤《こしゅしゃく》　更に赤鬚胡
喫粥《きっしゅく》し了《おわ》り　鉢盂を洗う

①翠竹＝青い竹。『正』発無上心〝桃華翠竹のなかより発心得道するあり〟（霊雲が桃の花を見、香厳が竹の音を聞いて発心得道することがある）　②画図＝絵。『正』画餅〝恁麼功夫するとき……無上菩提すなはち画図なり〟（このように参禅功夫するとき、究極の悟りも描いた絵である）　③胡蘆云々＝ひょうたんの蔓《つる》が瓢箪にまつわりついている。⑴文字言語に執らわれて真実を見失っている喩え、⑵能と所の対立がなく純一無雑な喩え。『正』葛藤〝胡蘆藤の胡蘆藤をまつふは、仏祖の仏祖を参究し、仏祖の仏祖を証契するなり。たとへばこれ以心伝心なり〟　④胡鬚云々＝胡人のひげは赤く、そのほかに赤い鬚の胡人がいる。同じことを言いかえただけに過ぎない喩え。『正』大修行〝将《おも》に為えり、胡鬚の赤きと、更に赤鬚の胡有り〟　⑤喫粥＝おかゆを食べる。『趙州録』中〝問う、「如何なるか是れ学人が自己」。師云く、「喫粥し了るや」。云く、「喫粥せり」。師云く、「鉢盂を洗い去れ」〟（日常ふつうの生活の中に仏道があることを示す問答）

〔**口語訳**〕（香厳《きょうげん》や霊雲の悟りの契機となった）青竹や桃花は無上菩提の一幅の絵である　瓢箪《ひょうたん》の蔓《つる》は瓢箪を纒《まと》っているように仏法は以心伝心である　胡人《えびす》の鬚《ひげ》は赤く、そのほかに赤い鬚の胡人がいると言うのは、言葉が違うだけで同じことである（言語表現に拘泥《こうでい》するな）　朝のお粥をたべ終ったらその鉢を洗う（そういう日常生活に本来の面目がある）〈門六―436〉

〔**評言**〕仏道は、古色蒼然たる仏像の前で、むつかしい漢字の経典を読誦したり、厳《いか》めしい独鈷をふるって真言呪を唱えるような、特別のことではありません。と言って、無自覚・無精進の日常生活だけでもありません。

〔140〕　一①切如来無②仏性　　一切の如来は　無仏性
同時正覚先③時成　　同時に正覚し　先時に成《じょう》ず
当知学道諸④菩薩　　当《まさ》に知るべし　学道の諸菩薩
仏⑤性何縁仏性生　　仏性何ぞ仏性に縁《よ》りて生ぜん

①一切如来＝すべての如来。『正』摩訶般若波羅蜜〝一切如来応正等覚は皆般若波羅蜜多に由りて出現〟（すべての如来や阿羅漢や正等覚者はみな般若波羅蜜多によって現われる）　②無仏性＝仏性自体は空で、特に仏性というものは有り得ない。『正』仏性〝無仏性の道、はるかに四祖の祖室よりきこゆるものなり……無仏性の道かならず精進すべし〟（無仏性の言葉は、遙か四祖道信の奥室から響いてくるのである……無仏性という言葉に必ず精進せよ）　③先時＝⑴さきに、⑵過ぎた時。『正』諸悪莫作〝先時と後時と同不同あり〟（時代が隔たっても異同がある）　④諸菩薩＝〔131〕の①参照。　⑤仏性＝〔65〕の①、〔137〕の③参照。

〔**口語訳**〕一切の如来は（言葉での）仏性というものは無く　一切の如来は同時に悟ったり先に悟ったりする（時間を超越している）　知るがよい、仏道を学ぶ菩薩たる雲水《おまえ》たちよ　仏性は仏性を縁として生ずるのではないことを――（仏性はもともと具有しているのだ）〈門六―439〉

〔**評言**〕　無し

［141］
明①庵千光禅師
前権②僧正法③印
大和尚位忌④辰
祖⑤師本⑥命元辰
微⑦笑破顔一新
不仮桃⑧華翠竹
扶⑨桑当日逢⑩春

明庵《みんなん》千光禅師、
前《さき》の権僧正法印
大和尚位忌辰
祖師の本命元辰《がんしん》
微笑破顔して　一新す
桃華翠竹を仮らず
扶桑当日　春に逢う

①明庵千光禅師＝栄西（一一四一―一二一五）。②権僧正＝僧正の下の僧綱。③法印＝僧位の最高位。④忌辰＝ここは建長三年（一二五一）七月五日の栄西の三十七回忌。⑤祖師＝［77］の③参照。ここは栄西のこと。⑥本命元辰＝本命は生年の干支のことだが、本命元辰は自己本来の面目。『永』六―441〝師翁（＝栄西）、虚庵《きあん》和尚に問う、「学人、不思善不思悪の時、如何」。虚庵云く、「本命元辰」と〟⑦微笑破顔＝［72］の②参照。⑧桃華翠竹＝［139］の①参照。⑨扶桑＝⑴東海の彼方の樹木、⑵日本。⑩逢春＝［127］の②参照。

〔**口語訳**〕栄西禅師の本来の面目は　（迦葉が）にっこり笑って（仏法を会得して）一新した　（霊雲や香厳が悟った）桃花や翠竹に拠らなくても　扶桑の樹（日本の仏法）はこの七月五日、春に逢って栄えるのである〈門六―441〉

〔**評言**〕祖師栄西の仏恩に感謝している作品です。私たちは栄西・道元の高僧のみならず、兀兀打坐した多くの無名の僧俗の仏恩も忘れてはなりません。

〔142〕

解①　夏

護②生禁③足雖三月
法④歳周円今日来
更挙揵⑤槌鳴露⑥地
衲僧布⑦袋一時開

解《げ》夏《げ》

護生《ごしょう》禁足　三月と雖《いえど》も
法歳《ほっさい》周円して　今日来る
更に揵槌《けんち》を挙《こ》して　露地《ろじ》に鳴せば
衲僧の布袋《ふたい》　一時に開く

①解夏＝〔55〕参照。ここは建長三年（一二五一）七月十五日。②護生＝仏弟子として生を全うすること。『禅苑清規』結夏〝法王禁足の辰に当り、是れ釈子護生の日なり〟③禁足＝安居三箇月のあいだ、修行のため外出を禁じること。④法歳＝⑴夏安居を過ごした年数。法臘。⑵七月十五日のこと。『正』安居〝住持人、謝詞にいはく、「此者法歳周円……」〟⑤揵槌＝樫などで作った八角の槌で、これを打って時を知らせる。『正』安居〝纔かに犍槌を挙するに、即ち無量の仏刹顕現し〟⑥露地＝⑴法堂や仏殿の露柱の前、⑵僧堂内の歩行する処。『正』行持上〝古往の聖人、おほく樹下露地に経行す〟⑦布袋＝布製の袋。開布袋は結制が終ること。

〔**口語訳**〕安居の生活を護って禁足すること三箇月　法の月日が円満無事にめぐって解夏の今日になった　あらためて木槌を持って僧堂の土間《どま》に響かせると　雲水の布袋が一斉に開いて安居が終るのである〈門六―442〉

〔**評言**〕凡俗《わたし》は語注②に記したような「護生」の観念など一かけらもなく、ただ健康息災を願うのみでした。今後はたとえ安居を送らずとも、「護生」健康の中身を考えなければなりません。

〔143〕 拈①華微笑魚②遊網
三③拝伝衣鳥④入籠
諸⑤法因⑥縁還及⑦尽
却⑧来活⑨計黒⑩山中

拈華《ねんげ》微笑《みしょう》　魚　網に遊び
伝衣を三拝し　鳥　籠に入る
諸法の因縁　還《ま》た及尽《きゅうじん》し
却来し活計す　黒山の中

①拈華微笑＝〔72〕の②参照。②魚遊網＝不明。微笑した迦葉を魚に喩え。網は仏法の喩えか？　③三拝伝衣＝仏祖正伝の衣を三度礼拝する。『正』葛藤〝最後に慧可礼三拝して後、位に依って立つ。祖云く、「汝、吾が髄を得たり」。果して二祖として、法を伝え衣を伝う〟　④鳥入籠＝不明。三拝した慧可を鳥に喩え、籠は仏法か？　⑤諸法＝宇宙のあらゆるもの。万法。『正』諸法実相〝唯仏は実相なり、与仏は諸法なり〟　⑥因縁＝〔85〕の③参照。⑦及尽＝究めつくす。『従容録』四十六〝及尽し去るや〟　⑧却来＝もどってくる。『碧』五十一〝其の僧却来して羅山に問う〟　⑨活計＝分別する、暮す。『正』一顆明珠〝師（＝玄沙）曰く、「知りぬ、汝は黒山鬼窟裏に向って活計を作《な》すことを」〟　⑩黒山＝〔31〕の④参照。

〔口語訳〕釈尊の拈華を見て迦葉が微笑したのは、魚が網に入って遊ぶようなもので　慧可が三拝して達磨の衣を伝受したのは、鳥が籠に入ったようなものである　あらゆる存在の因縁を究め尽くし　そこから後戻《あともど》りして黒い山の中で自在に暮すのである〈門六―445〉

〔評言〕まず「網」や「籠」の中に入って、「諸法因縁」を「及尽」することが一大事です。それは言ってみれば、〝上求菩提《じょうぐぼだい》〟です。そして「黒山中」に「却来」して暮すのは〝下化衆生《げけしゅじょう》〟なのです。

［144］ 必然掃破太虚空[①]
万[②]別千差尽豁通
師[③]子教児師子訣[④]
一斉都在画[⑤]図中

必然《ひつねん》掃破す　太虚空
万別千差　尽《ことごと》く豁通《かつつう》す
師子は児に師子の訣《けつ》を教え
一斉に都《すべ》て　画図の中に在り

①太虚空＝広大な宇宙。『正』身心学道〝（生死は）太虚空に逼塞し〟［64］④の虚空、［68］⑤の太虚を参照。②万別千差＝さまざまに異なるもの。『碧』五十一〝古より今に及ぶまで、公案万別千差、荊棘林の如く相似たり〟③師子＝釈尊や師家をライオンに喩える。［70］の①参照。④訣＝奥義。仏法の真髄、秘訣。『碧』七十三〝之を神仙の秘訣、父子不伝と謂う〟⑤画図＝絵。［139］の②参照。

〔口語訳〕（仏祖は）必然的に大宇宙を掃いてしまって　千万もある差別は全てからりと通じている　獅子（仏）は子に仏法の妙訣を教えるが　みな同時に絵の中にあるのである〈門六―446〉

〔評言〕「画図」とは、法身仏が「太虚空」に描いた、日月星辰、山河大地、一切衆生の「万別千差」のことです。雄大な偈です。

［145］ 中[①]秋
雲[②]門糊餅掛天辺

中　秋
雲門の糊餅《こびょう》　天辺に掛り

喚作中秋月[③]一円　　喚《よ》んで「中秋の月一円」と作《な》す
天[④]主青[⑤]衣今正坐　　天主青衣にて　今　正坐し
清光潔不若斯莚　　清光の潔《きよ》きこと　斯《こ》の莚《えん》に若《し》かず

①中秋＝ここは建長三年（一二五一）八月十五日。　②雲門糊餅＝雲門文偃と一僧との、次のような問答。『正』画餅〝雲門匡真大師、ちなみに僧とふ、「いかにあらんかこれ超仏越祖の談」。師いはく、「糊餅」〟（ある時、雲門大師に僧が問うた、「仏祖を超越した究極の境地の話とはどんなものですか」。雲門大師が答えた「ごま餅だ」）。［32］の④参照。
③月一円＝［78］の③参照。　④天主＝釈提桓因《しゃくだいかんいん》、即ち帝釈天のこと。『正』伝衣〝いま釈提桓因……袈裟を護持せり〟
⑤青衣＝青い衣。『碧』九十六〝青衣峨冠、忽然として師の前に立って〟

〔**口語訳**〕雲門が言ったあの（仏祖を超越した境地を表わす）ごま餅のような月が天空に輝き　それを「中秋の満月」と喚《よ》んでいる　帝釈天は青衣を着て（青空に）今、正坐しているが　清光の潔いことはこの永平寺の法莚には及ばぬ〈門六—448〉

〔**評言**〕永平寺法莚の雲水たちは、仏祖を超越する境地で、月光を浴びて兀兀打坐しているのでしょう。

［146］　奪却瞿[①]曇手[②]脚　　瞿曇《くどん》の手脚を奪却して
一[③]拳拳倒虚空　　一拳《けん》に虚空を拳倒す
業[④]識茫茫無本　　業識茫茫《ごっしきぼうぼう》として本《もと》無く
種[⑤]草茎茎発風　　種草《しゅそう》茎茎として風を発す

①瞿曇＝〔41〕の⑤参照。　②手脚＝⑴手と足、⑵はたらき、⑶小細工。　③一拳拳倒＝こぶし一つで殴り倒す。『碧』十六〝若《も》し此の道に達せば便ち一拳に黄鶴楼を拳倒すべし〟　④業識茫茫＝業識にくらまされて、妄想が果てしないさま。業識は〔67〕の⑥参照。『正』菩提分法〝思惟神足は一切仏祖、業識茫茫として無本可拠なり〟（思惟の神足とは、一切の仏祖は業識がはてしなく、どこにも拠り所が無いということである）　⑤種草＝仏法を継承する法孫のこと。『正』看経〝般若多羅尊者は天竺国東印度の種草なり〟

〔口語訳〕釈尊の手足を奪い取り　拳骨《げんこつ》一つで虚空を殴り倒す　業識は果てしなく拠り所が無く　仏法を承《う》け継ぐ雲水は一人一人が仏祖の風を起こすのである〈門六―449〉

〔評言〕起承句は何を詠っているのでしょう。殺仏殺祖の猛烈な菩提心でしょうか、それとも徒手空拳のような空しい修行でしょうか。『永平広録』六―449で、〝坐禅と謂うは、煙雲を坐断して功を借らず〟と述べていますので、結果など期待せぬ修行のことでしょう。「業識茫茫」も気にせず、ひたすら修行せよというのだと思います。修証一如なのです。

〔147〕

鑽①氷得火憑誰力　　氷を鑽《き》り火を得る　誰《た》が力を憑《たの》まん
拚命功夫入死門　　命を拚《す》てて功夫し　死門に入る
脱②体一交翻得③活　　脱体一交　翻《ひるが》えって活を得
一④場懡儸弄精魂　　一場の懡儸《もら》　精魂《せいこん》を弄《ろう》す

①鑽氷得火＝氷を錐もみして火を出す。不可能、むだの喩え。〔105〕の②参照。②脱体＝〔10〕の①参照。③得活＝生きかえる。『正』説心説性〝死中に活を得たり〟④一場云々＝〔71〕の⑤⑥参照。

〔口語訳〕氷を錐《きり》もみして火を出すのに誰の力に頼るのか　命を捨てて修行して死の門に入って行く　一たび煩悩が脱《ぬ》けてしまうと生きかえり　その場で恥をかいて純一に精進するのである〈門六―450〉

〔評言〕『碧巌録』四十一に、〝死人を殺し尽くして方《まさ》に活人を見、死人を活し尽くして方に死人を見る〟という古人の言句があります。〝生死の二辺に惑うなかれ〟という教えです。こんな教えを学んでも、それでも死を恐れて生に執着している凡俗《わたし》なのです。

〔148〕

九月初一[①]

功夫猛烈敵[②]生死
誰愛世間四[③]五支
縦慕少林三[④]拝古
何忘端坐六[⑤]年時

九月初一

功夫猛烈　生死に敵す
誰か愛さん　世間の四五支
縦《たと》い少林三拝の古を慕うとも
何ぞ端坐六年の時を忘れん

①九月初一＝〔100〕参照。ここは建長三年（一二五一）九月一日。②敵生死＝生死の一大事に立ち向かう。『正』自証三昧〝如何が生死に敵し得ん〟③四五支＝不明。四肢五体か。四事（飲食・衣服・臥具・医薬）と五欲をいうか。
④三拝＝〔143〕の③参照。⑤六年＝『景』一〝（釈尊は）象頭山に至り諸外道と同じく日に麻麦を食し六年を経〟。

〔口語訳〕猛烈に工夫参禅して生死の大問題に立ち向かい　世間の四事五欲に愛着する者は誰一人いない　たとえ少林寺で慧可が達磨を三拝して衣を伝えられた故事を慕うとしても　どうして釈尊が象頭山で六年間端坐したことを忘れようぞ〈門六―451〉

〔評言〕「六年」を『景徳伝灯録』巻一「釈迦牟尼仏」によって解釈しましたが、外道と共に修行した六年でよかったのでしょうか。

〔149〕

無①情説法不思議　　無情の説法　不思議なれど
三②世如来信③受之　　三世の如来　之を信受す
更有阿④誰還得会　　更に阿誰《あすい》有りて　還《ま》た得会《とくえ》せん
一枝拄杖等⑤閑知　　一枝の拄杖　等閑に知る

①無情説法＝金石土木などの情識の無い物が、仏の真理を説くこと。『正』無情説法〝無情説法不思議は、也太奇也太奇なり〟（無情説法の不思議は、奇なるかな奇なるかなである）　②三世如来＝過去・現在・未来の如来。『正』弁道話〝三世の如来、ともに坐禅より得道せり〟　③信受＝仏法を信じ受持する。『正』礼拝得髄〝たれか仏法と信受せん〟
④阿誰＝だれ。　⑤等閑＝〔74〕の⑥参照。

〔口語訳〕無情の説法は分別知では思い量《はか》れないが　三世の如来はこれを信じ受持《じゅじ》した　そのほか誰が無情説法を会得しているだろう　一本の無情の杖が自然に無心に知っている〈門六―452〉

〔評言〕露柱灯籠など金石土木が「説法」するからといって、汎神論に陥ってはなりません。『正法眼蔵』無情説法の終りの方で、〝無情は無情の為に説法するのである。では何を無情と呼ぶのか。無情説法を聞く者が無情なのである〟と、無情と説法と聴聞者の三者が、無限に循環し呼応していることを述べています。私たちもその一環にいるのです。

〔150〕

永平有箇正伝句[①]
雪[②]裏梅華只一枝
中[③]下多[④]聞多不信
上[⑤]乗菩[⑥]薩信無疑

永平に箇の正伝の句有り
雪裏の梅華　只だ一枝
中下は多く聞きて　多くは信ぜず
上乗の菩薩は　信じて疑うこと無し

①正伝＝仏法を正しく伝えること。『正』梅華〝雪裏梅華の正伝附嘱相見なり〟（雪中の梅花が私に正しく伝わって、相い見《まみ》えることができる）②雪裏云々＝〔108〕の③参照。③中下＝修行者としての根性が中根下根の人。『碧』二十五〝這箇只だ中下根の人の為にす〟④多聞＝仏法を広く聞き多く知る。『正』海印三昧〝得道入証はかならずしも多聞によらず〟⑤上乗＝すぐれた教法、大乗のこと。『正』仏教〝上乗一心の法を摩訶迦葉に正伝す〟⑥菩薩＝〔131〕の①参照。

〔口語訳〕永平《わたし》には一つの正伝の句がある　それは如浄禅師の「雪中に梅華がただ一枝咲いている」という句である　機根が中や下の者は正伝の句を何べんも聞いてもそんなに信じないが　上乗上根の菩薩（求道の人）はこの一句を信じて疑わない〈門六―456〉

〔評言〕『正法眼蔵』には天童如浄の偈が多く語られていますが、特に「雪裏梅華只一枝」を含む偈頌は「梅華」「眼睛」「優曇華」などの巻に多く述べられています。単に風雅な作品として読んではなりません。雪中の梅花も、「瞿曇が眼睛を打失」するほど、勝れた無情説法を行なっているのです。〝雪裏の梅華広長舌〟と言い得ましょう。

〔151〕
求①剣刻舟胡②与越　　剣を求めて舟に刻《きざ》む　胡と越と
遅③遅春日幾尋枝　　遅遅たる春日　幾ばくか枝を尋ぬる
不期一見桃④華処　　期せずして桃華を一見する処
眼⑤綻心穿不足疑　　眼綻《ほころ》び心穿《うが》ちて　疑うに足らず

①求剣刻舟＝『正』春秋〝仏性和尚云く、「……舟に刻みて剣を求むる者、今に至って猶お冷灰の中に在り」と〟（仏性和尚が言った、「……河中に落とした剣を探すのに舷に目印をつけるとは、今になっても、冷たい灰の中にいるようなものだ」と）　②胡与越＝北の胡と南の越の国。かけ離れていること。　③遅遅春日＝暮れるのが遅い春の日。『正』行持上〝遅遅たる華日も、明窓に坐しておもふべし〟　④桃華＝〔9〕の②参照。　⑤眼綻＝まぶたが開く、悟ること。『碧』三十七〝若し是れ眼皮綻ぶ底ならば〟

〔口語訳〕舟から水中に落ちた剣（仏法）を求めて舷側に印をつけるのは、胡と越のように仏道からかけ離れている
　春の長い一日、どれほど花咲く枝（悟り）を尋ね求めたことか　思いがけず桃華を見て　（霊雲志勤のように）迷いの眼皮が開き、煩悩の心が穴あいて疑惑が無くなった〈門六―457〉

〔評言〕この〔151〕は

三十年来剣客を尋ぬ　幾廻か葉落ち又枝を抽《ぬき》んず　桃華を一見してより後　直に如今に至るも更に疑わず

という霊雲志勤の偈の韻（●印の字）を続いだものです。この霊雲の偈は『正法眼蔵』渓声山色にも記されています。道元は、悟りというものは「刻」するような固定的なものでないことを示しています。

［152］

祖①師説②似参禅　　祖師は参禅を説似《せつじ》し
燕③子深④談実⑤相　　燕子《えんす》は実相を深談す
生⑥仏無⑦辺有辺　　生仏《しょうぶつ》は無辺有辺
拈⑧華瞬目何謗　　拈華瞬目《ねんげしゅんもく》　何ぞ謗《そし》らん

①祖師＝［77］の⑧参照。玄沙師備も祖師の一人。②説似＝似は助辞。他に説法する。『正』遍参〝説似一物即不中〟（口で語ると一つもあたらない）③燕子云々＝『正』諸法実相〝いはゆる深談実相といふは、燕子ひとり実相を深談すると、玄沙の道きぬべし。しかあれども、しかにはあらざるなり〟（実相を深談するというのは、「燕だけが実相を深く語っている」と、玄沙が言っているように聞こえるであろう。しかし実際はそうではないのである）④深談＝深く説き尽くすこと。⑤実相＝真実ありのままのすがた。『法華経』序品〝諸法実相の義は、已に汝等の為に説けり〟⑥生仏＝衆生と仏。『正』現成公案〝生滅あり、迷悟あり、生仏あり〟⑦無辺有辺＝辺際が無いのと有るのと。『正』袈裟功徳〝仏界、衆生界、それ無辺有辺にあらざるがゆゑに〟（仏界と衆生界とは、有無の辺際を超えているので……）⑧拈華瞬目＝［25］の②参照。『正』説心説性〝拈華瞬目は説心説性なり〟

〔口語訳〕祖師は参禅を説き　燕は真実のありのままの相《すがた》を深く語る　衆生と仏陀とは辺際を超越していて釈尊が拈華瞬目なさったのをどうして謗《そし》られようぞ〈門六—458〉

〔評言〕玄沙師備たち「祖師」も「燕子」も、衆生も仏も、みな「実相を深談」しているのです。霊鷲山で「拈華瞬目」なさった釈尊を、一言一句も「説似深談」して下さらない！　とどうして謗ることができましょう。生きとし生けるもの、即ち凡俗《わたし》も読者《あなた》も日常生活に於て「実相」を示しているのですから。

〔153〕　請書記①　　　　書記を請ず

大②通墨③点算三千　　大通の墨点《ぼくてん》　三千を算す
雖仮三千臘④月蓮　　三千の臘月の蓮を仮ると雖も
策起亀毛⑤三尺筆　　亀毛三尺の筆を策起《さっき》して
破⑥題外⑦道石⑧身堅　　外道石身の堅きを破題す

①書記＝禅院六頭首の一で、書状を掌る。②大通＝大通智勝仏の略。釈尊や弥陀などの十六仏は、この仏が在世する時の王子であった。『法華経』化城喩品〝大通智勝如来三千大千世界のあらゆる地種を、たとい人有りて磨りて以て墨と為し、東方の千の国土を過ぎて乃ち一点を下さん〟③墨点＝墨でつけた記《しる》し。②の用例文参照。④臘月蓮＝〔83〕の⑦参照。⑤亀毛＝〔137〕の①参照。⑥破題＝⑴題意を説く、⑵詩や偈の起句のこと。⑦外道＝仏教以外の教え。仏教を信じない人。『正』山水経〝見心見性は外道の活計なり〟⑧石身＝岩石になった体。『永』五—402によると、〝迦《か》毗羅《びら》という外道が、死を恐れて自在天の教えにより、余甘子という菓子をたべて延寿を図ったが、石に化してしまった〟という仏教説話がある。

〔**口語訳**〕大通智勝仏が墨でしるしを付けた国土は三千を算《かぞ》え（書記の文筆力もそれに匹敵し）　たとえ三千大千世界の十二月の蓮の如き稀有《けう》の筆力でも　書記は非実在（空）の亀毛三尺の筆をふるって　岩石に化した固い外道を説き破るのである〈門六―460〉

〔**評言**〕起句は『法華経』化城喩品の冒頭文を用いて、永平寺書記の文筆力を讃え、その力で頑固な外道の迷妄を打ち破ることを願っているのです。筆者のこの原稿文は、どれ程、仏教弘通の寄与力があることでしょう。無力感に襲われていますが、これも業縁によるのでしょう。いやいや、無力有力に拘わってはなりません。

〔154〕　鼻①孔笑開②口
眼睛望斗③牛
風雲不犯暁
天水合同秋

鼻孔《びくう》は　開口《かいく》を笑い
眼睛は　斗牛《とぎゅう》を望む
風雲　暁《あかつき》を犯《おか》さず
天水　合同の秋

①鼻孔＝〔51〕の③参照。　②開口＝〔33〕の③参照。　③斗牛＝北斗星と牽牛星。『人天眼目』六〝神光斗牛を射る〟（自己本来の光明は天地を貫いて照破する）

〔**口語訳**〕（只管打坐すると）鼻の穴（本来の面目）は開《あ》いた口（言語による説法）を笑い　真実を見る眼玉は北斗・牽牛の星の彼方まで（大自然、法身仏を）見通す　それは風も雲も犯《おか》さない暁のことであり　天と水とが一つ

になった〈賓主未分の〉秋なのである〈門六―461〉

〔評言〕この〔154〕は、〝賓主未だ分れず、影像《ようぞう》未だ判ぜざる時の如きは、如何が履践《りせん》せん〟（賓と主がまだ分れず、影と像がまだ区別されずに一体である時は、どのように修行するのか）（『永平広録』六―461）と道元が雲水に問いかけて、その答を自身で述べた、その答の偈です。起承句は只管打坐している時の「鼻孔眼睛」の身体を詠った対句で、転結句は大自然の対句です。大自然と自己とが一体になっている境地を二十字に詠いあげています。

〔155〕

十①車競処一②車現　　十車競《きそ》う処　一車現《げん》じ
相③伴客④人揖自茶　　客人に相伴《しょうばん》して　自茶を揖《すす》む
聞者雖多知者少　　聞く者多しと雖も　知者少なく
大⑤王所説先⑥陀婆　　大王の説く所　先陀婆《せんだば》なり

①十車＝十台の車。小乗仏教をいうか。　②一車＝一台の車。大乗仏教の一仏乗か。　③相伴＝対坐、陪食。　④客人＝先陀婆の意味を適正に理解する客。〔70〕の④参照。『碧』九十二〝会中に若し仙陀の客有らば、何ぞ必ずしも文殊一槌を下さん〟　⑤大王＝『大般涅槃経』に出てくる大王。『正』王索仙陀婆〝大般涅槃経中に世尊道わく、譬えば大王の諸群臣に仙陀婆来れと告ぐるが如し〟　⑥先陀婆＝仙陀婆。塩・器・水・馬のことで、怜悧な臣が状況に応じて、この四つの中の適正なものを撰んで大王に奉呈した。『正』王索仙陀婆〝世尊索仙陀婆、迦葉破顔微笑なり〟（世尊が仙陀婆を求めると、迦葉は破顔微笑したのである）。〔70〕参照。

〔口語訳〕十台の小乗の車が競っているところに一台の大乗車が現われ　客人と対坐して自分の茶をすすめた

主人（大王）の説法を聞く者は多いけれどその真意を知る者は少なく　主人の大王（世尊）の説いているのは仙陀婆（以心伝心の仏法）である〈門六―464〉

〔評言〕「十車」に乗るのは聞法の客で、そこへ主人の大王（釈尊）が「一車」に乗って帰宅して、「客人」に茶を入れたという物語的な構図です。分別知では「仙陀婆」は臨機応変に判別しなければなりませんが、仏道では「仙陀婆」は分別を超えた真実なのです。傘寿の筆者は喜寿の老妻に「あれを」「それに」と代名詞で頼みますが、それで用が足りるのが妙です。次元の低い私事を書いたのは以心伝心を述べたかったのです。なお、転句は〔150〕の転句と同じ旨です。

〔156〕

請蔵主①
仏化大千②教③迹来
拳④頭一挙作雲雷
無辺義⑤海朝⑥宗処
八⑦万法門打⑧得開

蔵主《ぞうす》を請ず
仏の大千を化せし教迹《きょうじゃく》来り
拳頭《けんとう》一挙すれば　雲雷を作《な》す
無辺の義海　朝宗《ちょうそう》の処
八万の法門　打得して開く

①蔵主＝禅院の六頭首の一で経蔵を掌る。　②大千＝〔109〕の⑤参照。　③教迹＝仏の教えのあと。大蔵経。〔109〕参照。
④拳頭＝こぶし。〔21〕の⑤参照。　⑤義海＝説明され解釈された三昧。『従容録』七十七〝是れ覚海変じて義海と為る〟
⑥朝宗＝河水が海に集まり注ぐ。『正』仏性〝仏性海の朝宗に罣礙するものなり〟　⑦八万法門＝釈尊一代の教法の総称の八万四千法門のこと。『正』後心不可得〝十方諸仏の一代の代にて八万法門をとく〟　⑧打得＝〔82〕の③参照。

〔口語訳〕仏陀が三千大千世界を教化したその跡（大蔵経）が永平寺に収まり　蔵主が拳《こぶし》をふり上げると雲中に雷が轟《とどろ》く（仏法が弘まる）　大海に河水が流れこむように多くの教えが経蔵に入っており　釈尊がお説きになった八万の仏説が蔵主によって打ち開かれるのである〈門六―467〉

〔評言〕只管打坐の永平寺でしたが、経典の研究もおろそかではありませんでした。建長二年（一二五〇）、波多野義重が大蔵経を納めたことはその研究を促進させたでしょうし、蔵主は経典研究の中心であったのでしょう。道元の経典研究の足跡の一端は、鏡島元隆著『道元禅師と引用経典・語録の研究』（木耳社）によって明らかです。

〔157〕

碧[1]澗之松
寒巣之鶴
性[2]懆閑[3]閑
通身卓[4]卓
谿含明月而長
山帯彩雲而闊
一点分明
十方朗[5]豁
黄[6]檗未嫌捋[7]虎鬚
青[8]原曾悦一[9]麟角

碧澗《へきかん》の松
寒巣《かんそう》の鶴
性懆《しょうそう》　閑閑《かんかん》として
通身　卓卓たり
谿《たに》は　明月を含んで長く
山は　彩雲《さいうん》を帯びて闊《ひろ》し
一点　分明にして
十方　朗豁《ろうかつ》たり
黄檗《おうばく》未だ嫌わず　虎鬚《こしゅ》を捋《な》づるを
青原曾《せいげんかつ》て悦ぶ　一麟《りん》の角《つの》

①碧澗＝青い渓流の谷。　②性懆＝鋭敏な賢い性質。『碧』七〝未だ是れ性懆の漢にあらず〟　③閑閑＝無事で静かなさま。『碧』二十一〝放って閑閑地ならしむ〟　④卓卓＝［80］の④参照。　⑤朗豁＝明るくひらけていること。　⑥黄檗＝黄檗希運（生没年不詳）。法嗣に臨済義玄（？―八六七）がいる。　⑦捋虎鬚＝虎の鬚《ひげ》をなでるように、遠慮なしに師家にぶっつかっていく喩え。『碧』四〝虎鬚を捋づることは也《ま》た須らく是れ這般の人にして、始めて得べし〟　⑧青原＝六祖慧能の法嗣の青原行思（？―七四〇）。　⑨一麟角＝すぐれた禅者の喩え。『景』五「青原行思」〝師（＝青原）曰く、「衆角多しと雖も一麟足る」〟。青原の法嗣の石頭希遷（［4］の④参照）をさす。

〔**口語訳**〕谷間の松も　冬の巣の鶴も　怜悧で無事で　全身が他より抜きん出ている　谷は名月を映して長く　山は五色の雲が棚びいて広い　谷は一点明らかで　山は十方世界からりと広い　黄檗は師家《じぶん》にぶっつかって修行する臨済を嫌わなかったし　青原はむかし多くの凡僧より一人の秀れた石頭を悦んだものだ

〈門六―468〉

〔**評言**〕五つの対句、入声の脚韻のめずらしい作品で、道元の勝れた言語感覚が表われています。実は、第八句と第九句の間に〝当に恁麼の時、還た這箇の道理を相い委悉するや〟（こういう谷や山の情景の時、この八句の道理がわかるか）という、道元の問いかけがあるのです。従って、黄檗と青原の故事を述べたのは、（お前たち雲水も道元にぶっつかって来い、という）師家精神を示しているのです。

永平広録巻七

〔158〕

臘①月寒梅含月光
雪②山雪③上更加霜
如来毫④相猶今在
利⑤益遠孫豈度⑥量

臘月の寒梅　月光を含み
雪山《せっせん》の雪上　更に霜を加う
如来の毫相《ごうそう》　猶《な》お今も在りて
遠孫《おんそん》を利益《りやく》す　豈《あ》に度量せんや

①臘月寒梅＝十二月に咲く梅。［84］結句参照。　②雪山＝インドのヒマラヤ山。釈尊は過去世で、雪山で修行して雪山童子と称された。『正』大悟〝ここをもて雪山の雪山のために大悟するあり〟（こういうわけで、雪山はただ雪山のために大悟する）　③雪上更加霜＝余計な無用のことの喩え。『正』発菩提心〝見仏聞法し、さらに菩提心をおこす、雪上加霜なり〟　④毫相＝如来三十二相の一。『正』法華転法華〝普賢の往来する、釈尊これを白毫光相と証す〟（普賢菩薩が往来している姿を、釈尊はご自分の眉間の白毫の光明であると証明なされる）　⑤利益＝恵み。『永』七―473〝遺法の弟子を利益せん為の故に、二十年の仏寿を留め〟　⑥度量＝タクリョウとも読む。はかる。『正』行仏威儀〝仏量を拈来して大道を測量し度量すべからず〟

〔口語訳〕十二月の梅は月の光を内《なか》に含んで咲き　雪山《ヒマラヤ》では雪の上に霜がおりている　如来の白毫光相《びゃくごうこうそう》は仏滅後の今でもあり　その恵みの光は遠い法孫の我々にまで及び、どうして分別知で量《はか》り知られよう〈門七―473〉

〔評言〕起句の「含」は、「寒梅」と「月光」の一如感を表わし、禅者の実体験の語です。転句は語注⑤に示した〝二十年の仏寿〟を「雪上加霜」と表現したのでしょう。結句の「遠孫」の中には、私もあなたも含まれているのを忘れてはなりません。

〔159〕

時①節因縁仏②性
刹③那前後円成
積④功累徳雖異
乳⑤酪有⑥無得名⑦

時節因縁の仏性
刹那前後に円成《えんじょう》す
積功累徳《しゃっくるいとく》　異なると雖も
乳酪《にゅうらく》有無　名を得たり

①時節因縁＝時節が到来して因縁が和合すること。『正』仏性〝いはゆる仏性をしらんとおもはば、しるべし、時節因縁これなり〟。『碧』十四〝仏性の義を知らんと欲せば、当に時節因縁を観ずべし〟　②仏性＝〔65〕の①、〔137〕の③参照。③刹那＝感覚できないほど短い時間。『正』出家功徳〝一弾指のあひだに六十五の刹那生滅す〟　④積功累徳＝功徳を積み重ねる。『正』出家功徳〝出家の生生をかさねば、積功累徳ならん〟　⑤乳酪＝(1)乳とチーズ、(2)乳から作ったチーズ。『晋書』天錫伝〝乳酪は性を養い、人は妬心無し〟　⑥有無＝有と無の分別。『正』説心説性〝（大慧宗杲は）仏性・法性の有無をしらず〟　⑦名＝名相、名目。『正』四禅比丘〝むかしより名相にまよふもの……〟

〔口語訳〕時節因縁が熟すると仏性は　刹那の前後の瞬間に円満成就する　功徳の積み重ねは人によって異なるが　その相違は乳と酪、有と無のような相対的名目のちがいである〈門七―474〉

〔評言〕偈頌の訓読、口語訳は、助詞に苦労します。〝一切衆生悉有仏性〟を〝悉有は仏性なり、悉有の一悉を衆生といふ〟（『正法眼蔵』仏性）と述べる道元の詩偈では特にそうです。従って起承句も、〝時節因縁の仏性は、刹那前後の円成なり〟という助詞を使って訓んだ方が、道元の意旨に沿ったかも知れません。

〔160〕

先妣忌辰[①]

乞[②]児打破鉢盂時
桃李縦経霜与雪
吾仏毫[③]光照十方[④]
光[⑤]光微[⑥]妙法演[⑦]説

先妣《せんび》の忌辰《きしん》
乞児《こつじ》　鉢盂を打破する時
桃李　縦《たと》い霜と雪とを経《ふ》るとも
吾が仏の毫光《ごうこう》　十方を照らす
光光は微妙《みみょう》法の演説なり

①先妣忌辰＝〔130〕の①参照。　②乞児＝托鉢して食を乞う者。『正』転法輪〝世尊道い、一人真を発して源に帰すれば十方の虚空悉く消殞す。……天童は則ち然らず、一人真を発して源に帰すれば、乞児飯椀を打破す〟　③毫光＝〔64〕の⑧参照。なお、〔158〕でも毫光と雪霜を併べて詠っている。　④十方＝〔128〕の②と、語注②の用語例とを参照。　⑤光光＝それぞれの光。『正』光明〝光光自有光光在なり〟　⑥微妙法＝奥深くて思議分別できない仏法。『無門関』六〝世尊云く、「吾に……微妙の法門有り」〟　⑦演説＝釈尊が衆人に正法を説くこと。『正』深信因果〝世尊ひろく人天のために演説しましします〟

〔口語訳〕乞食僧が命の綱の鉢を打ちこわす時（根源に帰する時）は　たとえ桃李が霜や雪に出あったとしても　わが仏陀の白毫の光は十方世界をお照らしになる　その光は微妙不可思議の仏法を説いているのである（亡き母上も毫光を浴《あ》びておられることだろう）〈門七―478〉

〔評言〕語注②の〝一人真を発して源に帰す〟の一人は、釈尊であり達磨・如浄・道元なのですが、先妣や私たち一人一人も、その一人なのです。それが「光光」でもあります。

〔161〕上元①

雪②覆蘆華豈染③塵
誰知浄④地尚多人
寒梅一点芳心綻
喚起劫⑤壺空処春

上元

雪 蘆華《ろか》を覆《おお》う 豈に塵に染まんや
誰か知らん 浄地に尚《な》お人多きことを
寒梅一点 芳心綻《ほころ》び
喚起す 劫壺《ごうこ》空処の春

①上元＝陰暦正月十五日。ここは建長四年（一二五二）。②雪覆蘆華＝白い雪が白い蘆の花を覆って境が分からない情景。『碧』十三〝雪蘆花を覆うて朕迹を分ち難し〟 ③染塵＝俗塵をかぶって本来のものがかくれること。『碧』九十四〝祖師云く、「菩提本無樹 明鏡亦無台 本来無一物 争得染塵埃」〟 ④浄地＝煩悩を断絶した境地。『従容録』四十六〝万里寸草無く浄地人を迷わす〟 ⑤劫壺＝永劫の別天地、悟りの世界。無著道忠『葛藤語箋』五〝劫壺とは空劫已前の壺中の別春なり〟

〔**口語訳**〕白雪が白い蘆花を覆っているこの一面の白（本来の面目）は俗塵に染まりはせぬ　この浄らかな境地に多くの人がいるのを誰が知ろうぞ　寒梅一輪が芳香を放って開き　永劫の別天地の空《くう》の世界の春を喚び起している〈門七―481〉

〔**評言**〕清浄な空劫の境地、つまり言語を超えた本来面目の世界を、何とか言語で表現しようと苦労しています。その作者道元の「芳心」慈悲心を身心で読み取れるようになりたいものです。

〔162〕

涅槃会①

鶴②林月落暁何暁
鳩③尸華枯春不春
恋④慕何為顚⑤誑子
欲遮紅涙結良⑥因

涅槃会

鶴林《かくりん》に月落つ　暁《あかつき》は何の暁ぞ
鳩尸《くし》の華枯れ　春も春ならず
恋慕《れんぼ》何ぞ顚誑子《てんきょうし》と為《な》る
紅涙を遮《とど》め　良因を結ばんと欲す

①涅槃会＝〔41〕参照。ここは建長四年（一二五二）。②鶴林＝釈尊入滅の時、沙羅双樹が白く変色して、鶴が群がったようになったので、クシナガラの地名の異称となる。③鳩尸＝クシナガラの音写。④恋慕＝恋い慕う。『法華経』如来寿量品〝当に遭い難きの想を生じ、心に恋慕を懐き、仏を渇仰し〟。『正』面授〝釈迦牟尼仏を恋慕したてまつらんは〟　⑤顚誑＝気が狂うこと。⑥良因＝よい因縁、よい仏縁。

〔口語訳〕沙羅双樹に月が沈んで（釈尊が入滅なさって）この暁は何という悲しい暁だろう　クシナガラの沙羅の花が白く枯れて、春なのに春の気分ではなかった　釈尊を恋い慕ってどうしてこんなに狂人のようになったのか
　さあ、悲しみの涙を流すのをやめて、すばらしい仏縁を結ぼう〈門七—486〉

〔評言〕起承句は対句、即ち前対の構成で、クシナガラを「鶴林」と「鳩尸」の鳥の語に書き分けたのは、道元の意図的技巧でしょうか。

〔163〕

発①心畢竟二何窮
如②是二心仏③祖風

発心と畢竟　二は何ぞ窮《きわ》まらん
如是の二心　仏祖の風

忘自度他功徳力　　自を忘れ他を度す　功徳の力
家④郷春色桃⑤華紅　　家郷の春色　桃華紅なり

①発心畢竟二＝発心と悟りの究極の二つ。『正』発菩提心〝迦葉菩薩、偈をもて釈迦牟尼仏をほめたてまつるにいはく、発心畢竟二無別、如是二心先心難〟（迦葉は偈を作って釈尊を讃えて言った、「発心と究極の悟りとは区別はない、この二つの心では発心の方が難しい」）　②如是二心＝このような発心と畢竟。　③仏祖＝［13］の①参照。　④家郷＝ふるさと。自己本来の面目や仏国土の喩え。『正』行仏威儀〝この知及会取、さらに万法なりといへども、自己の家郷を行取せり〟（そう知って会得すると、万法といっても自分の故郷で働いているようなものだ）　⑤桃華＝［9］の②③参照。

〔**口語訳**〕発心と証悟の二つは窮まる所はなく　この二つの心は仏祖の家風なのである　自分のことを忘れて他人を救済する功徳力で　ふるさと（自己本来の面目）は春色となって桃が赤く咲いている〈門七―487〉

〔**評言**〕起承転の三句は『大般涅槃経』迦葉菩薩品に拠っています。結句は「仏祖風」が吹く象徴風景でしょう。

［164］

霊山瞬①目豈時②節　　霊山《りょうぜん》の瞬目　豈《あ》に時節ならんや
微笑破顔尚未休　　微笑破顔《みしょうはがん》　尚《な》お未だ休まず
四③五千条華柳巷　　四五千条　華柳《かりゅう》の巷《ちまた》
二三万座管絃楼　　二三万座　管絃《かんげん》の楼

①瞬目＝〔25〕の②参照。　②時節＝〔121〕の⑥参照。　③四五千条云々＝『正』遍参〝大道無門は四五千条花柳の巷、二三万座管絃の楼なり〟（大道に門が無いというのは、四五千の花が咲き乱れるちまたも、二三万の席が設けられる管絃の楼閣も、みな仏道への入口であるということだ）

〔口語訳〕霊鷲山《りょうじゅせん》で釈尊が拈華瞬目なさったのは、時節に応じてなされたのだろうか　迦葉が破顔微笑したこと（以心伝心の真実の仏法）は今も続いているのだ　四五千の花柳が乱れる巷も　二三万人が遊楽する管絃の楼閣も（仏道への入口なのである）〈門七―488〉

〔評言〕これは、「祖師西来の意を知覚の対象物で示さずにお教え下さい」という問いに対する、道元の答えの偈です。しかし、「花柳」や「管絃」という眼耳の対象物によって答えているのです。この転結句は、実は、『如浄和尚語録』上の「浄慈禅寺語録」（大正四八・一二三下）にある、天童如浄の入院《じゅえん》法語の句なのです。道元禅即如浄禅を示しています。

〔165〕

閉炉[1]

一枚円[2]相向春到
開閉臨時似画[3]図
添炭見灰兼点[4]雪
衲僧喚作是紅炉

閉炉

一枚の円相　春に向かって到る
開閉時に臨み　画図に似たり
炭を添え灰を見　兼ねて雪を点ず
衲僧喚作《かんさ》す「是れ紅炉」と

①閉炉＝〔42〕参照。ここは建長四年（一二五二）三月一日。　②円相＝円い形。真如や仏性などの絶対の真理を表す円。

ここは円形の火炉か。『正』安居〝安居これ仏祖の……円相仏性なり〟　③画図＝〔139〕の②参照。　④点雪＝〔130〕の②参照。

〔口語訳〕一つの火炉の円相が（大自然の四季循環のありのままに）春に到来した　炉の開閉は時節に応じて絵を描くようなものである　開炉の時は炭を加え、閉炉には灰を見、さらに消えゆく雪を点じて無常を知らす　雲水たちは「（仏道は）紅炉そのものだ」と呼ばわっている〈門七―489〉

〔評言〕火炉の「開閉」に大自然の摂理、及び仏祖の「円相」を見得する雲水を詠っています。

〔166〕
棒①頭眼若百千日　　棒頭の眼《まなこ》は　百千の日の若《ごと》く
照破従来夢使覚　　従来の夢を照破して　覚《さと》らしむ
非罰非賞痛②処親　　罰に非ず賞に非ず　痛処親《つうしょした》し
老③婆心切可何少　　老婆心切　何ぞ少なかるべき

①棒頭眼＝棒の先の眼玉。雲水を棒で殴って鍛えるのに、活眼の働きのある喩え。『碧』二十〝棒頭に眼有り、明らかなること日の如し〟　②痛処＝痛い所、欠点。『碧』四十〝他の与《ため》に痛処を拈出して他の窠窟を破る〟（彼の欠点を取り出し、彼の文字理屈の穴ぐらを破壊する）　③老婆心切＝〔21〕の⑥参照。

〔口語訳〕雲水を鍛える棒の先の眼玉は百千の慧日《えにち》（太陽）のようで　これまでの迷夢を照らし尽《つ》くして雲水を覚らせる　棒は罰でもなく賞でもなく雲水の欠点を親切に突くのである　その老婆の如き慈悲心はどうしてど

うして、ちっぽけなものじゃないぞ〈門七―493〉

〔**評言**〕平成の少年の非行、青年の鍛錬に、「非罰非賞」の「老婆心切」の指導が望まれます。この〔166〕は、黄檗希運、高安大愚が臨済義玄を導いた禅話のあとに記されています。

〔167〕　浴①仏

坐断衲僧乾②屎橛
功③夫弁道草鞋穿
無④明殻⑤　豈等⑥肩
従此刹那王⑦大千

浴仏

衲僧の乾屎橛《かんしけつ》を坐断し
功夫弁道して　草鞋穿《そうあいうが》つ
無明の殻《から》　豈《あ》に肩を等しくせんや
此の刹那より　大千に王たり

①浴仏＝〔71〕参照。ここは建長四年（一二五二）四月八日。②乾屎橛＝〔69〕の④参照。③功夫弁道＝修行に努めること。『正』弁道話〝いまをしふる功夫弁道は証上に万法をあらしめ〟④無明＝〔67〕の⑤参照。⑤殻＝執らわれているから。『碧』六十一〝設使《たとい》言前に薦得《せんとく》すとも、猶お是れ殻に滞り封に迷う〟（たとえ言葉を聞かない前に分っても、煩悩のからに滞ったり無明の闇にとじこめられて迷う）⑥等肩＝肩を並べる。『正』袈裟功徳〝余師の肩をひとしくすべきにあらず〟⑦王＝如来のこと。『正』四禅比丘〝（孔老は）三千大千世界に王たる如来に比すべからず〟

〔**口語訳**〕禅僧の無用の糞掻《くそか》きべらを徹底した坐禅でへし折り　行脚修行で草鞋《わらじ》も履《は》き破ってしまう（それが浴仏日の吉祥《めでたい》の瑞相《すがた》である）　無知で真理に暗い殻《から》の中ではどうして釈尊に肩を並べられようぞ　この浴仏の刹那から釈尊は三千大千世界の王なのである〈門七―495〉

〔評言〕「大千に王」たる如来や道元は、私たちが「無明の殻」の中で啐《な》くのを待っておられるのです。私たちが「坐断」して啐いたら、その「刹那」に如来は「殻」を啄《ついば》んで下さるのです。なお、口語訳文に（カッコ）を補ったのは、この〔167〕の直前に〝吉祥の瑞相、誰か敢て説き尽くさん。慶幸の利益、今日なお新たなり〟と道元が述べているからです。

〔168〕

磨①塼作鏡誰人笑　　磨《ま》塼作鏡《せんさきょう》　誰人か笑わん
翠②竹黄③華入④画図　　翠竹黄華　画図に入る
莫管商⑤量浩浩地　　管する莫《なか》れ　商量浩浩《こうこう》の地
種⑥田必是作功夫　　種田必ず是れ　功夫を作《な》す

①磨塼作鏡＝〔75〕の①、〔78〕の②参照。　②翠竹＝〔139〕の①参照。真如を表わす。　③黄華＝黄色の菊。『碧』九十七〝青青たる翠竹、尽く是れ真如、欝欝たる黄花、般若に非ずということ無し〟　④入画図＝『正』梅華〝本来の面目生死無し、春は梅華に在りて画図に入る〟〔139〕の②と〔144〕の⑤参照。　⑤商量浩浩地＝問答議論が盛んなさま。『碧』三十五〝僧云く、「商量浩浩地」。蔵云く、「争《いか》でか我が這裏、田を種え飯を摶《まろ》めて喫するに似《し》かん」〟（僧が言った、「南方では議論が盛んです」。地蔵和尚は言う、「わしの処では田植えをし、握り飯をたべているが、そういう生活仏法には及ばない」）　⑥種田＝田植え。前の⑤の用例参照。

〔口語訳〕塼《かわら》を磨いて鏡を作るような修行を誰が笑うのか　真如そのものの青竹や黄菊が描かれているのだ
言葉での問答議論などに関《かか》わるな　田植え（日常生活）が必然的に修行となっているのだぞ〈門七―497〉

〔評言〕「磨塼作鏡」も「種田」も、言語によらぬ作務即「功夫」です。凡俗《わたし》は道元偈頌評釈に没頭していますが、それは一見「商量浩浩地」のようですが、私自身は修行功夫の作務のつもりなのです。こんな考えは自己満足で、しかも卑下慢に陥っているのでしょうか。

〔169〕　向日開来手裏華①　　日に向かい開き来る手裏《しゅり》の華
与時煎点②趙州茶③　　時と与《とも》に煎点す　趙州の茶
衲僧円相④中秋月⑤　　衲僧の円相　中秋の月
更問如何三斤麻⑥　　更に問う「如何ならん三斤《きん》の麻」

①手裏華＝釈尊が霊鷲山で手にもつ華。『正』優曇華〝華已拈なり。これら世尊手裏の命根なり〟　②煎点＝茶をいれる。　③趙州茶＝〔116〕の②参照。　④円相＝〔165〕の②参照。　⑤中秋月＝〔17〕〔78〕参照。　⑥三斤麻＝三斤の分量の麻。禅僧の身近にあり、仏の真実を表わす。『碧』十二〝僧、洞山に問う、「如何ならん是れ仏」。山云く、「麻三斤」と〟

〔口語訳〕太陽に向かって手の中の花が開き（悟りが現成し）　時が来ると趙州がいつも言っている茶を淹《い》れて飲む　禅僧の円成の相《かたち》が中秋の名月であるが　さらに「三斤の麻（仏）とは何なのか」と問うのである〈門七―499〉

〔評言〕三時になると、老妻がコーヒーを淹れてくれます。それが筆者の「趙州茶」です。「麻三斤」に相当するのはいつも使っている老眼鏡や鉛筆です。しかし、仏法の大意は凡俗《わたし》にとって未だに模糊としています。

〔170〕　万①行豈是等②閑性
仏病耆③婆献一④針
縦見海⑤枯無徹底
誰明人⑥死不留心

万行《まんぎょう》豈に是れ　等閑の性ならんや
仏病《や》み耆婆《ぎば》　一針を献ず
縦《たと》い海枯れを見るとも　底に徹すること無く
誰か明らめん　人死して心を留めざるを

①万行＝八万四千行の略。無量の行持のこと。『正』坐禅箴〝この一法あきらめざれば、万法あきらめざるなり、万行あきらめざるなり〟　②等閑＝〔74〕の⑥参照。　③耆婆＝王舎城の名医で、阿闍世王を仏法に帰依させる。　④一針＝治療に用いる針箴。『永』七―503〝瞿曇を悩乱する痛処の針〟　⑤海枯云々＝『正』遍参〝すでに遍参究尽なるには脱落遍参なり、海枯不見底なり、人死不留心なり〟（遍参が究めつくされている時は、遍参自体が脱落している。たとえば海が枯れても底が見えず、人が死んで一切の心を留めないという状態である）　⑥人死云々＝前の⑤の用例参照。

〔口語訳〕仏陀の八万四千行はどうして無雑作なものであろうぞ　仏が病気になられると名医耆婆《ぎば》は針治療《はりちりょう》をしてさし上げたのである　たとえ海が枯れ（大悟し）ても底まで徹見せず（悟りに執らわれず）　人が死ぬと一切の心を留めないという身心脱落を誰が明らめるのだろう〈門七―503〉

〔評言〕承句の「仏病」は、〔仏が病気になる〕ことですが、〔仏になることの執着〕という意味もあります。真の大悟、成仏とは、悟りの迹形《あとかた》も見えないものです。それが「海枯無徹底」「人死不留心」です。

〔171〕

自今朝六月初一①　　今朝六月初一より
放下坐禅板不鳴　　坐禅を放下し　板《ばん》鳴らず
盛夏未抛禅②板旧　　盛夏未だ禅板の旧《ふる》きを抛《な》げず
須知伝法救迷③情　　須《すべか》らく知るべし　法を伝え迷情を救うを

①六月初一＝ここは建長四年（一二五二）六月一日。『瑩山清規《けいざんしんぎ》』によると、この日から八月末まで、暑熱のため打板坐禅は行なわれなかった。　②禅板＝〔101〕の④参照。　③迷情＝迷いの心。『正』空華〝吾本《もと》此の土に来り、法を伝えて迷情を救う〟（達磨《わたし》はもともと此の中国に来て、仏法を伝えて迷える心を救うのである）

〔口語訳〕けさの六月一日からは　坐禅はやめ木板も鳴らさぬ　しかし真夏でも古い禅板を抛げ出さないぞ（達磨大師が）仏法を伝えて迷う人々の心を救ったのを知らねばならない〈門七―505〉

〔評言〕打板坐禅の日課はなくても、只管打坐を抛棄せぬ志気が伝わってきます。その志気の源泉は、「伝法救迷情」の下《げ》化衆生《けしゅじょう》の慈悲心なのです。

〔172〕

臘①八　　臘八
今夜如②来成正③覚　　今夜如来　正覚を成《じょう》じ
功夫脱④落眼睛明　　功夫脱落して　眼睛明らかなり
三千世界衆⑤生類⑥　　三千世界　衆生は類し

一等与他微笑生　　一等他と　微笑《みしょう》生ず

①臘八＝〔24〕参照。ここは建長四年（一二五二）十二月八日。②如来＝〔64〕の⑥参照。③正覚＝仏法の正しい覚り。『正』弁道話〝本来面目現ずるとき、諸法みな正覚を証会し〟④脱落＝〔89〕の②参照。『正』道得〝従来の年月の功夫を脱落するなり〟⑤衆生＝〔109〕の⑦参照。⑥類＝同様である。『正』供養諸仏〝法に於ても僧に於ても、類するに亦た同じく然り〟（仏法についても僧についても、同様のことが言われる）

〔口語訳〕十二月八日の今夜、如来は正覚を成就なさり　功夫修行を脱落して智慧の眼が明らかである　広大な宇宙の生きとし生ける物は同じように　みな迦葉尊者と共に微笑する〈門七―506〉

〔評言〕俗世の政界に憤ったり、醜悪な世相に悲しむ「衆生」も、「眼睛を明らかに」して、釈尊・迦葉と「類して」、「微笑」して本来の面目に立ち帰らなければなりません。いや既に「正覚を成じて」いるはずなのですが――。

〔173〕

準①書状為懐②鑑上　　準書状、懐鑑《えかん》上人の
人忌辰請上堂　　忌辰《きしん》の為に、上堂を請ず
老③鶴巣④雲眠未覚　　老鶴の巣雲《そううん》　眠り未だ覚《さ》めず
壺⑤氷雪⑥上更加霜　　壺氷《こひょう》の雪上　更に霜を加う
荘⑦厳報⑧地豈他事　　荘厳《しょうごん》の報地　豈に他事ならんや
有少薫⑨修一⑩炷香　　少しく薫修《くんじゅう》有り　一炷《ちゅう》の香

①準書状＝義準。波著《なみつき》寺で懐鑑に師事し、後に興聖寺の道元に参侍し、書記を勤める。②懐鑑＝〔57〕の①参照。③老鶴＝懐鑑の喩えか。『永』七―514〝其の修証を論ずれば老鶴眠る〟④巣雲＝雲のように高い所で巣くうこと。⑤壺氷＝不明。氷壺は心が潔白な喩え。または壺天（別天地）の氷か。⑥雪上更加霜＝〔158〕の③参照。⑦荘厳＝〔12〕の③参照。⑧報地＝過去の業による報いとして得られた土地で、浄土などをいう。『正』身心学道〝発菩提心は……報地によりて縁起するにあらず〟⑨薫修＝薫は熏に同じ。よい習慣による修行。『正』画餅〝仏を画するには……三祇百劫の熏修をもちゐる〟⑩一炷香＝一本の線香。それがもえ尽きるまでの坐禅。『勅修清規』七〝聖僧前、焼香一炷〟

〔口語訳〕老鶴は雲中に巣ごもって眠りからまださめず（懐鑑は永眠し）　別天地の氷雪の上に更に霜を加えている（彼岸でも修証している）　厳《おごそ》かに飾られた浄土はどうして他人事であろうぞ　（準書記たちも）少しの薫修のゆえに線香一本分打坐に励んでいる〈門七―507〉

〔評言〕「雪上更加霜」の主語を懐鑑上人としましたが、「豈他事」の語がありますので、限定しない方がよかったかも知れません。道元も、この上堂法語を聞く雲水も、さらに上堂法語を読む後世の私たちも、「薫修」によって「一炷香」の只管打坐に徹しなくてはなりません。

〔174〕円①相一②輪満
伝③衣古有声
瑞華④千万葉

円相　一輪満ち
伝衣　古《いにしえ》より声有り
瑞華　千万葉

結果藉因成　　　結果　因に藉《よ》り成る

①円相＝〔165〕の②参照。　②一輪＝欠けることのない円満なさま。『正』仏性〝もし身現円月相は一輪相なりと会取せば〟（もし龍樹の現わした円月の形が、一つの輪の相であると解するなら）　③伝衣＝〔143〕の③参照。　④千万葉＝無数の花びら。葉は花びら及び法孫の世代。『正』梅華〝一華開五葉、結果自然成〟に拠る語。

〔口語訳〕禅僧は欠ける所のない一つの円月が満ちて（自己本来の面目を覚って）　正伝の衣を授けられるのは昔からの言い伝えである　めでたい花は千万も開き（正法は千万代も続き）　実を結ぶのは因によって成就するのである〈門七―508〉

〔評言〕〔174〕は龍樹の〝身現円月相　以表諸仏体〟という句と、達磨の伝法偈〝一華五葉開、結果自然成〟とを合わせて一首にしたものですが、道元が〝自然成〟を「藉因成」とした深意を読みとらねばならないでしょう。自然《じねん》イコール因縁というのが凡俗《わたし》の解釈です。

〔175〕　七①顚八倒拈②来用　　　七顚八倒　拈来《ねんらい》して用う

無③欲無禅両不真　　　無欲無禅　両《ふたつ》ながら真ならず

兀④兀功夫無覓処　　　兀兀功夫して　覓《もと》むる処無くば

那能三⑤界作肩⑥隣　　　那《なん》ぞ能く三界に肩隣を作《な》さん

①七顚八倒＝〔129〕の③参照。　②拈来＝〔11〕の③参照。　③無欲無禅＝『景』七及び『永』七―511に、次の文がある。

〝問う、「欲界に禅無し、何ぞ禅定を修せんや」。鵝湖云く、「汝は只だ欲界に禅無きを知りて、未だ禅界に欲無きを知らず」〟（大義和尚が質問した、「欲界に禅が無いのに、なぜ禅の修行をするのですか」。鵝湖が云った、「お前はただ欲界に禅が無いのを知っていて、禅の世界に欲が無いのを知らない」） ④兀兀＝［26］の⑤参照。 ⑤三界＝［127］の⑩参照。 ⑥肩隣＝隣に肩を並べる。『正』出家功徳〝諸仏の法……三界の肩をひとしくするところにあらず〟

〔口語訳〕人々は七度ころび八へん倒れて真実と現象とをさかさにして捉えているが　欲望のない色界も禅のない欲界も、どちらも（執らわれると）真実の世界ではない　不動の心で修行して求めることが無かったら　どうして三界に肩を並べておられようか〈門七―511〉

〔評言〕雲水が坐禅、作務に励むのも、凡俗《わたし》が参考図書に囲まれて詩偈を読解するのも、仏道を「覓むる処」が有るからではないでしょうか。しかし、道元は〝作仏〟を否定して〝行仏〟をすすめているのです。作と行とのちがいを参究しなければなりません。

［176］

解①夏

園②驢八百馬三千
補③処雖生第④四天
偏⑤正不曾離本⑥位
無⑦生那得語因縁⑧

解《げ》夏《げ》

園驢《えんろ》八百　馬三千
補処《ほしょ》　第四天に生ずと雖も
偏正《へんしょう》　曾《かつ》て本位を離れず
無生　那《なん》ぞ因縁を語るを得ん

①解夏＝［55］参照。ここは建長四年（一二五二）七月十五日。 ②園驢云々＝禅院の田畑で働く驢や馬。多くの雲水の

喩えか。『如浄禅師語録』下「解夏小参」〝九旬款を結び今日放行す　驢三千馬八百　笛を吹き鼓を打つ〟　③補処＝次の生に仏となって仏位を補う菩薩のこと。『正』心不可得　〝論師・天帝しらんこと、補処の智力およばざらんや〟（論師や帝釈天の知り得ることは、次に仏となる菩薩の智力で及ばないことはない）　④第四天＝六欲天の第四の兜率天で、菩薩が住む。　⑤偏正＝偏位（差別）と正位（平等）。『正』春秋　〝仏法もし偏正の局量より相伝せば、いかでか今日にいたらん〟（仏法がもし偏正五位の如き狭い考えで伝わったなら、今日まで正法は及んでいない）　⑥本位＝偏位と正位のもとの位。　⑦無生＝世間の生滅を超越した絶対的事実としての生。　⑧因縁＝［85］の③参照。

〔**口語訳**〕田畑の中の八百の驢と三千頭の馬（永平寺の衆僧）は　菩薩のいる兜率天《とそってん》に転生《てんしょう》するけれど　偏位（差別）と正位（平等）の教義は曽《かつ》て本来の位を離れたことはない　絶対的な生（ありのままの生）はどうして因縁の理《ことわり》を語ることがあろう〈門七―514〉

〔**評言**〕転句は『宏智禅師語録』「解夏上堂」から引用しているのですが、道元はこの句で何を示そうとされたのでしょうか。先学や老師方の注解を見ても、洞山五位の思想に疎《うと》い筆者には解りかねます。

［177］

天童忌①

先師今日忽行脚②
趯③倒従来生④死関
雲惨風悲渓水潑
稚⑤児恋⑥慕覓尊顔

天童忌

先師今日　忽ち行脚し
従来の生死の関を趯倒《てきとう》す
雲惨《いた》み風悲しみ　渓水潑《そそ》ぎ
稚児恋慕して　尊顔を覓《もと》む

①天童忌＝〔56〕参照。ここは建長四年（一二五二）七月十七日。②行脚＝〔76〕の起句参照。無余涅槃に旅立ったこと。③趯倒＝蹴り倒す。踢倒と同じ。④生死関＝生死輪廻から離脱する関所。生死一大事を悟る関門。⑤稚児＝童児、天童先師の弟子の道元。⑥恋慕＝〔162〕の④参照。

〔口語訳〕先師如浄禅師は今日この日急に彼岸に旅立たれて　これ迄の生死の関門を蹴り倒しなされた　雲も風も禅師の行脚を惨《いた》み悲しんで谷川（涙）は流れ　幼な子（道元《わたし》）は恋い慕って先師の尊顔を探し求めるのである〈門七―515〉

〔評言〕後半二句は、やや感情過多です。しかし、それが道元の悲しみのこころの〝ありのまま〟なのでしょう。

〔178〕

順聖①端②居似慕賢③　　聖に順《したが》う端居《たんご》　賢を慕うに似
愛乾未湿水④心蓮　　乾を愛して未だ湿《ぬ》れず　水心の蓮
須知這⑤裏端厳事　　須《すべか》らく知るべし　這裏《しゃり》端厳《たんごん》の事
面⑥授二⑦千二百年　　面授二千二百年なり

①聖＝⑴聖人。見仏以前を賢と言い、見仏後を聖と言う。⑵僧堂中央に祀る聖僧。②端居＝正しく坐る。③賢＝見仏以前を賢、見仏以後を聖という。賢と乾とケンの音を重ねている尻取り表現。④水心蓮＝池の真中の蓮。『正』行仏威儀〝仏威儀の一隅を遺有するは……蓮華なり〟⑤這裏＝この中。〔37〕の⑥参照。⑥面授＝面と向かって親しく法を授けること。『正』面授〝面をあらはして面に面授し、面受す〟⑦二千二百年＝『正』伝衣〝つらつら釈尊在世をおもひやれば、わづかに二千余年なり〟

〔口語訳〕聖僧像に順《したが》って僧堂で端坐するのは（見仏以前の）賢者を慕うようで　それは乾《かわ》きを愛してまだ湿《ぬ》れない池の中の蓮のような威儀《ふるまい》である　知らねばならぬぞ、この端坐の荘厳なことを！　釈尊が迦葉に面授してより二千二百年続いているのだ〈門七―519〉

〔評言〕「這裏端厳事」というのは、「順聖端居」すなわち只管打坐と、「水心蓮」のような行仏威儀なのです。これを知悉するなら、正法は「二千二百年」どころか、更に連綿と「面授」されるのです。その面受の先端に筆者《わたし》や読者《あなた》がいるのです。

〔179〕

中秋①

依仏威②神宮殿明
千③光赫赫一時生
人間縦愛中秋月
天上莫涯半④段晴

中秋

仏の威神に依り　宮殿明るく
千光赫赫《かくかく》として　一時に生ず
人間縦《たと》い中秋の月を愛すとも
天上涯《はて》し莫《な》く　半段晴る

①中秋＝ここは建長四年（一二五二）八月十五日。　②威神＝威徳と神通力。『法華経』観世音菩薩普門品〝観世音菩薩摩訶薩は威神の力の巍巍たること是の如し〟　③千光＝月光の明るいさま。『永』七―521〝其の色、白浄にして千光有り〟　④半段＝半分。片一方。

〔口語訳〕中秋は仏の威光（月光）によって宮殿は明るく　三千世界を照らす光が一時に生じる　人間が縦《たと》い中秋の月を愛したとしても　天上界は涯《はて》しがなく月光では片一方だけが明るい〈門七―521〉

〔評言〕道元は、〝日月光耀はわづかに六道輪廻の業相なり、さらに仏光明に比すべからず〟（『正法眼蔵』坐禅箴）と述べています。仏光明は「莫涯天上」を照らしますが、月光は「人間が縦い愛し」ても、天界の半分しか明るくできません。中秋の月を見て、単なる風流人に停まってはならないのです。

〔180〕

源亜相忌[1]

棄[2]恩早入無[3]為郷
霜露盍消慧[4]日光
九[5]族生天猶可慶
二親報[6]地豈荒唐

源亜相忌《げんあしょうき》

恩を棄てて早《つと》に入る　無為の郷
霜露盍《なん》ぞ消えざらん　慧日《えにち》の光
九族の生天　猶お慶すべく
二親の報地　豈に荒唐《こうとう》ならんや

①源亜相＝〔110〕の②参照。ここは建長四年（一二五二）九月二日の久我通具二十七回忌。②棄恩入無為郷＝剃髪出家の時に唱える偈文の一句で三界流転の恩を棄て去り、無為の道に入って真の報恩を行ずること。『禅苑清規』沙弥受戒文〝恩愛捨つる能わず、恩を棄てて無為に入る〟③無為＝一切の行為が自由自在で任運無作のこと。『正』恁麼〝無上菩提正法眼蔵、これを寂静といひ無為といひ〟④慧日＝仏の智慧を日光に喩える。⑤九族生天＝家族のうち一人が出家すると、高祖父・曾祖父・祖父・父母・自己・子・孫・曾孫・玄孫の九族が天界に生まれるという思想。『洞山録』〝経に云く、「一子出家すれば九族天に生ず」と〟⑥報地＝〔173〕の⑧参照。

〔口語訳〕恩愛を棄てて早くから任運無作の仏の世界に入ると　霜露の如き煩悩は仏の智慧の光で消えないことはない　道元《わたし》が出家して九族が天上界に生まれるのは慶《よろこ》ばしく　両親がその報いによって浄土に転生するのは根拠なきことではありません〈門七―524〉

〔評言〕「九族」は直系の親族をさす語で、「二親」は源亜父と〔130〕〔160〕の先妣をさすと思われますので、育父久我通具は実父のように考えられます。道元はこの〔180〕のあと、同じ上堂法語で、薬山惟儼《やくさんいげん》の「非思量底を如何が思量す」の問答を提示し、もう一首、次の〔181〕を詠じています。

〔181〕
思①量兀兀李②将張
欲畢談③玄又道黄④
誰識蒲⑤団禅板上
鑊⑥湯炉炭自清涼

思量兀兀たり　李と張と
玄を談じ　又　黄を道い畢《おわ》らんと欲す
誰か識らん　蒲団禅板の上
鑊湯《かくとう》炉炭　自ら清涼なり

①思量兀兀＝〔75〕の③④参照。　②李将張＝李さんと張さん。一般的な人をさし、また卑しめる呼称。『正』諸法実相〝まことに、この僧にあらざらん張三李四なりとも〟　③談玄＝玄妙な仏法を言葉だけで談論する。『正』説心説性〝談玄談妙をこのむによりて、得道おそし〟　④黄＝談玄の玄と合すると玄黄（天地）。黄老即ち道教思想をいうか。
⑤蒲団禅板＝〔101〕④の用例参照。　⑥鑊湯炉炭＝罪人を煮る釜の湯と罪人を焼く炉の苦しみ。地獄苦の喩え。『碧』二十五〝鑊湯炉炭の中に居すと雖も、安楽国土に在るが如く〟

〔口語訳〕考えながらじっと坐っているのは李さんと張さんたちで　彼等は口先で仏法を説き又黄老を語ってお

しまいにしようとする　誰も知らないのだ、坐禅蒲団や禅板の上の只管打坐を　非思量に打坐すれば地獄の釜や炉の中でも自《おの》ずと涼しいのだ〈門七―524〉

〔評言〕『新古今和歌集』撰者の源亜相は「李将張」と同じく「談玄道黄」していたのでしょうか。それとも生前に只管打坐して、転結句のような「自清涼」の境地に入っているのでしょうか。私見では、前者のような気がします。

〔182〕
馬①祖馬②鳴頭③尾正
黄④梅黄⑤檗弄風⑥前
一⑦行三昧打巾⑧斗
七仏袈裟覆在肩

馬祖《ばそ》・馬鳴《めみょう》　頭尾《ずび》正しく
黄梅《おうばい》・黄檗《おうばく》　風前に弄す
一行三昧　巾斗《きんと》を打し
七仏の袈裟　覆《おお》いて肩に在り

①馬祖＝六祖慧能の嗣の馬祖道一（七〇九―七八八）。『正』行持上〝江西馬祖の坐禅することは二十年なり〟　②馬鳴＝印度第十二祖、前三二七年寂。『正』仏性〝第十二祖馬鳴尊者、第十三祖のために仏性海をとく〟　③頭尾正＝頭《ず》正《しん》尾《び》正《しん》。始めも終りも正しいこと。『正』諸悪莫作〝おほよそ仏法は、知識のほとりにしてはじめてきくと、究竟の果上もひとしきなり。これを頭正尾正といふ〟　④黄梅＝黄梅山に住した五祖弘忍（六八八―七九一）。『正』仏経〝黄檗の六十拄杖よく児孫を生長せしめ、黄梅の打三杖よく伝衣付法せしむるのみにあらず〟　⑤黄檗＝〔1〕の②参照。　⑥風＝『正』現成公案〝仏家の風は、大地の黄金なるを現成せしめ〟　⑦一行三昧＝真如を観察する禅定。『六祖壇経』〝一行三昧とは……〟　⑧巾斗＝〔77〕の②参照。

〔口語訳〕馬の字がつく馬祖と馬鳴とは始めも終りも正しく　黄の字のつく黄梅と黄檗とは風のままに自由自在である　（みな）一行三昧に坐禅してとんぼ返りを打って　過去七仏以来伝わる袈裟で肩を覆っている〈門七―525〉

〔評言〕「頭尾正」「弄風前」と詠う道元の念頭には、四人の仏祖のどういう相《すがた》があったのでしょうか。「打巾斗」「覆在肩」の主語は四人のみならず、道元・雲水そして仏道者の〝みな〟です。

［183］　須知作仏非新古①
修②証豈唯辺③際中
莫道本来無④一物
因⑤円果満有⑥時通

須《すべか》らく知るべし　作仏は新古に非ず
修証　豈に唯だ辺際の中のみならんや
道《い》う莫《なか》れ　本来無一物と
因円果満　有時《うじ》に通ず

①新古＝相対的な新と古。『正』古仏心〝新古の古に一斉なりといへども、さらに古今を超出せり〟（古仏は一応古い仏ではあるが全く古今を超出している）　②修証＝修行と証悟。『正』発菩提心〝この修証、はるかに迷悟の辺表を超越せり〟（この修行証悟ははるかに迷悟の世界を超えている）　③辺際＝かぎり。『正』現成公案〝人、はじめて法をもとむるとき、はるかに法の辺際を離却せり〟　④本来無一物＝真実の相は、本来執着すべき何物もないこと。『正』古鏡〝大鑑高祖の明鏡をしめす、本来無一物、何処有塵埃なり〟　⑤因円果満＝因と果とは対立せず、因の修行円満がそのまま果の証悟円満であること。『正』洗面〝因円果満して、最後身の菩薩、ただいま樹下に坐せんとす〟　⑥有時＝道元は、単に存在と時間でなく、一切の存在は即ち一切尽時の現成であると説く。『正』有時〝いはゆる有時は、時すでにこれ有なり、有はみな時なり〟

〔口語訳〕仏になるのは新しい古いを超えていることを知らねばならぬ　修行と証悟《さとり》とは新古の有限の中にあるのではない　「真実相は本来無一物である」と言ってはならぬぞ　「因の修行円満は即ち果の証悟円満である」ということは有時にあてはまるのである〈門七—526〉

〔評言〕「因円果満」を何とか雲水に証《さと》らせようとする道元の、苦心のあとがこの二十八字に窺われます。しかし、殆んど硬い仏教語で構成され、表象景情に乏しいので、凡俗は理屈っぽい口語訳で精一杯です。

〔184〕　初燈頓破始終暗①
　設見屢加明更増
　莫是再拈非別異
　百千万盞②室③中燈

初燈頓《とみ》に破す　始終の暗
設《たと》い屢《しばしば》加えて　明《めい》更に増すを見るとも
是れ再び拈ずる莫れ　別異に非ず
百千万盞《さん》　室中の燈

①暗＝無明。智慧のない喩え。『碧』三十二〝忽然大悟〈暗に灯を得るが如し〉〟②盞＝灯油と灯芯の皿。『碧』十七〝僧問う、「如何なるか是れ室内一盞の灯」〟③室＝ここは正師の室か。『正』後心不可得〝正師の室にとぶらふと正師の室にいらざると、はるかにことなる〟

〔口語訳〕灯火を点《つ》けるとずっと続いていた暗闇《くらやみ》が破れた　たとえ灯火をふやして更に明るさが増したとしても　再び〈「如何なるか是れ室内一盞の灯」〈智慧の光とはどんなものですか〉という問題を〉取り上げてはならぬ、そ

れは（灯火がふえても）別に変りはないからだ　（正師たる道元《わたし》の）室内には百千万盞の灯火がともっているぞ〈門七—527〉

〔評言〕はじめ道元の趣意が不明でしたが、香林澄遠の「如何是室内一盞灯」の問答を引用して口語訳してみると、凡俗もよく理解できました。ここでは「室中灯」の光明を詠っていますが、『正法眼蔵』光明では、〝人人尽く光明の在る有り〟と述べていることを忘れてはなりません。私たち一人一人が消すことのできない「一盞灯」の光明を有しているのです。無量光の阿弥陀が想起されます。

〔185〕　開①炉

衲僧今日競開炉
不撥②冷③灰是丈④夫
抛下談⑤玄兼説⑥妙
却来這裏觜⑦盧都

開炉

衲僧　今日　競《きそ》って炉を開く
冷灰を撥《はら》わざるは　是れ丈夫
談玄と説妙とを　抛下《ほうげ》して
這裏《しゃり》に却来《きゃくらい》して　觜盧都《しろと》たれ

①開炉＝〔33〕参照。ここは建長四年（一二五二）十月一日。　②撥＝はらう。『景』九「潙山霊祐」〝百丈云く、「汝鑪中を撥え。火有りや否や」〟　③冷灰＝〔33〕の⑤寒灰参照。　④丈夫＝立派な修行者。『正』心不可得〝徳山もし丈夫なりせば、婆子を勘破するちから……〟　⑤談玄＝〔181〕の③参照。　⑥説妙＝妙法を口先の言葉だけで説く。『正』家常〝談玄説妙太だ端無し〟　⑦觜盧都＝〔75〕の⑧参照。

〔口語訳〕雲水たちは今日争って炉を開いたが　去年の冷たい灰を撥《はら》わないのが立派な修行者なのだ　玄妙な

仏法を口先で論議するのをやめて　この僧堂に帰って黙って打坐せよ〈門七―528〉

〔評言〕承句が、②に記した潙山霊祐の故事を踏まえていることを、つい見過ごすところでした。

〔186〕

①売身未了酬②軽価
③攙奪可憐行市人
④蒿草梅檀多少要
⑤一龍八馬各⑥逢春

売身《まいしん》未だ了《おわ》らざるに　軽価を酬《むく》い
攙奪《さんだつ》憐《あわ》れむべし　行市《こうし》の人
蒿草梅檀《こうそうせんだん》　多少の要ぞ
一龍八馬　各《おのおの》春に逢う

①売身＝身を売ること。『永』七―529〝王老師、売身し去る也〟　②軽価＝安いねだん。賤価。③攙奪＝奪い取る。『碧』五〝王令稍《やや》厳にして行市を攙奪するを許さず〟（王令が厳格で行商人から品を奪うような振舞いを許さない）④蒿草梅檀＝よもぎと芳香を放つ高価な木。⑤一龍八馬＝不明。貴い龍と賤しい馬か。⑥逢春＝〔127〕の②参照。

〔口語訳〕（南泉普願が）まだ身体を売り終らないうちに少ない銭を払うのは　行商人から物品を奪うようで憐れである　安い蓬《よもぎ》も高価な梅檀もどれほどの銭が必要なのか　貴い龍も賤しい馬もそれぞれ平等に春にあうのである〈門七―529〉

〔評言〕起承句は『景徳伝灯録』八「南泉普願」の項の、次の話柄に拠っています（『永平広録』七―529にほぼ同文があります）。

「王老師、身を売らんと要す。阿誰《たれ》か買わんと要するや」。一僧出て云く、「某甲《わたし》が買わん」。師云く、「他は貴価を作《な》さず賤価を作《な》さず。汝、作麼生《そもさん》か買わん」。僧対《こた》うる無し。……趙州代って云く、「明年来りて和尚の与《ため》に箇の布衫を縫わん」と。

人間はもちろん、万法に相対的な貴賤の価値は無いことを示す問答なのでしょう。諸法実相です。

〔187〕　親①曾見仏語言端
策②起眉毛欲不瞞
功③徳田春華④未落
瓊⑤林老⑥鶴翼猶寒

「親しく曾て見仏す」の語言端《ただ》し
眉毛を策起《さっき》し　瞞《まん》ぜざらんと欲す
功徳田の春　華《はな》未だ落ちず
瓊林《けいりん》の老鶴　翼猶お寒し

①親曾見仏＝かつて親しく仏にお目にかかったこと。『正』見仏〝先師頌して云く、「眉毛を策起して問端に答う、親しく曾て仏に見えて相い瞞せず」〟　②策起眉毛＝眉毛をつり上げる。仏の威容を象徴的に示す動作。『正』梅華〝見仏といふは作仏なり。作仏といふは策起眉毛なり〟（見仏というのは仏に作《な》ることである。仏に作《な》るというのは眉毛を立てることである）　③功徳＝〔60〕の⑧参照。『正』無情説法〝聞法功徳の身心の田地に下種する、くつる時節あらず〟（聞法の功徳が身心の田に、種のようにまかれると、種は朽ちる時はない）　④華＝『正』行仏威儀〝華開の功徳あり〟　⑤瓊林＝雪をかぶり玉のように美しい林。『永』四―327〝瓊林には宿せず千年の鶴〟　⑥老鶴＝〔173〕の③とは関係なしか。

〔**口語訳**〕（賓頭盧《びんずる》尊者が）「親しく曾《かつ》て仏にお目にかかった」という言葉は正しく　尊者は眉毛を立てて瞞《だま》さないことを示した　春の田の花がまだ散らないのと同様に仏の功徳は現存しているが　雪化粧の林の中の老鶴

はまだ寒そうな翼をしている〈門七―530〉

〔評言〕結句は道元のどういう心象風景でしょうか。『正法眼蔵』梅華の、

この春は人間にあらず、仏国にかぎらず、梅梢にあり。なにとしてかしかるとしる、雪寒の眉毛策なり。

（この春は人間界だけのものでなく、仏国土だけのものでなく、梅の梢にある。それを何とかして知ることが、「雪を帯びて寒い」となり、眉毛が立つのである）

から類推しますと、梅の「華」にも、「瓊林老鶴」にも、生きとし生けるものに、「見仏」の「功徳」が及んでいることを、詠っているのでしょう。

〔188〕

青①原白家三盞酒
石②頭紅③炉一点雪
拄④杖開⑤華有功
蒲⑥団可笑無欠

青原　白家三盞《さん》の酒
石頭　紅炉一点の雪
拄杖開華して　功有り
蒲団笑うべし　欠無し

①青原云々＝酒の名産地の青原にある酒屋の三杯の酒。青原山は江西省にあり、青原行思が住していた。『五灯会元』十三〝青原白家酒三盞　喫し了り猶お未だ唇を沾らさずと道《い》う〟（三杯の名酒を飲みながら、まだ一滴もなめないと言う）。仏法の大海に在っても仏法を知らない喩え。白家は酒店。②石頭＝〔4〕の④参照。③紅炉一点雪＝〔130〕の②参照。『景』十四「長髭曠」〝石頭曰く、「汝什麽《なん》の道理を見て便ち礼拝するや」。師曰く、「某甲の所見に拠り、洪鑪上一点の雪の如し」と〟　④拄杖＝〔57〕の⑥参照。なお〔110〕の起句によると、道元の拄杖は梅枝であった。⑤開華＝花が開く。悟りの喩え。『正』梅華〝老梅樹の忽開華のとき、華開世界起なり〟　⑥蒲団＝〔49〕の結句〝蒲団功不失〟

参照。

〔口語訳〕酒の名産地青原の酒屋に三杯の酒があり（青原山には行思の真の仏法があり）　石頭山に紅炉一点の雪の如き無常の真理がある　杖に花が開いて（悟って）功徳があり　坐禅蒲団は嬉しいことに欠かすことがない（常に只管打坐する）〈門七―531〉

〔評言〕意図的かどうか分りませんが、前対（一・二句が対句）後対になっています。仏法の大海たる永平寺で、「拄杖」をついて托鉢し、「蒲団」を欠かさず只管打坐する日々を詠っています。

〔189〕

喚其業①作三②界
得話③頭為一④心
龍⑤樹接人鉢⑥水
提⑦婆進道拈針

其の業《ごう》を喚《よ》んで　三界と作《な》し
話《わ》頭《とう》を得て　一心と為《な》す
龍樹は　人に鉢水を接し
提婆《だいば》は　進道して針を拈《ねん》ず

①業＝行為そのもの。又、行為が禍福の果報をひきおこす潜在力。『正』仏性〝人に福業有るは世間の第一なり〟　②三界＝〔127〕の⑩参照。『正』大修行〝三界の業報を愛惜し〟、『正』三界一心〝釈迦大師道《い》わく、三界は唯だ一心のみ〟　③話頭＝経典・古則をいう、又、話題。『正』面授〝しばらく話頭を参学すべし〟　④一心＝⑴事の一心、即ち分別心、⑵理の一心、即ち無分別の絶対心。『正』三界唯心〝三界は唯だ一心のみ、心の外に別法無し〟　⑤龍樹＝ナーガルジュナ。二・三世紀の人で、八宗の祖師。『正』仏性〝第十四祖龍樹尊者、梵に那伽閼剌樹那《ナガアリジュナ》と云い……彼の国の人、多く福業を信ず。……長者の子迦那提婆有り〟　⑥鉢水＝鉢の中の水。龍樹は迦那提婆《かなだいば》と初対面の時、機根を試すため、

満水の鉢を置くと、提婆はその鉢の中に針を投じて、こぼれないようにした。『景』二「第十五祖迦那提婆」〃龍樹……満鉢水を以て座前に置かしむ。尊者之を覩て即ち一針を以て投じて之を進む〃　⑦提婆＝印度第十五祖の迦那提婆。大自在天に肉眼を施したので片目の提婆と言われ、九十六派の外道をことごとく論破した。『碧』十三〃第十五祖提婆尊者は、亦た是れ外道中の一数なり。因みに第十四祖龍樹尊者に見《まみ》えて、針を以て鉢に投ず。龍樹深く之を器として、仏心宗を伝う。……凡そ言句有るは是れ提婆宗〃

〔口語訳〕（福業などの）業の世界を三界と喚《よ》んでいるが　釈尊のお言葉では三界は唯だ一心である　龍樹菩薩は迦那《かな》提婆《だいば》を接化《せっけ》するのに（言語によらずに）鉢の水を用い　提婆は言句を費やす外道から進み出て針を取って鉢水に投じて「一心」を示したのである〈門七―531〉

〔評言〕承句の「話頭」を、語注②の〃釈迦大師道わく〃に拠って記しましたが、仏心宗を伝えた龍樹も道元の念頭にあったのです。すなわち、言句を尊重しつつも、言句を超えて「拈針」した以心伝心、教外別伝を、道元は大切にして詠っているのです。［189］は『永平広録』上堂法語の、最後の偈頌として、まことにふさわしい作品と言えるでしょう。

（『凡俗がよむ道元偈頌全評釈』終）

〔付記〕『永平広録』巻八は「小参」「法語」「普勧坐禅儀」なので本書では取り上げず、『永平広録』巻九及び巻十の詩偈は、拙著私家版『凡俗による道元詩偈全評釈』に収載しました。

主要語句索引

（数字は作品番号、語句の上の○印は固有名詞）

あとがき

やっと書き終りました。しかし達成の充実感と共に、何がなしに虚脱感が心中にしのびこんでいます。「もっと道元の世界に浸っていたい」という思いがあるからです。それは筆者の。只管打坐せぬ業や、解釈研究に明け暮れた薫習の然らしむる所でしょう。

本書で評釈した百八十九首は、嘉禎二年（一二三六）十月十五日、興聖寺上堂以来の偈頌です。上堂法語について、道元は、

日本国の人、上堂の名を聞く最初は永平（筆者注、道元）の伝うるなり。（『永平広録』五―358）

と述べています。つまり偈頌による上堂説法も、［1］が日本最初ということになります。それを僧堂修行をしたことのない凡俗《わたし》が評釈するというのは、歯のない口で堅い栄養食品をたべるようなもので、とても消化して、皮肉骨髄になし得ないのは当然のことです。しかし、三河武士の身分を捨てた鈴木正三（一五七九―一六五五）が、その著『四民日用』で、〝士農工商の在家四民は、自分の職場を仏道修行の場として、生活仏法を行ずべき〟趣旨のことを説いているのが、筆者の灯明です。無職の老書生《わたし》の余生は、祖師の偈頌をこれからも心《しん》（深・真・新）読《どく》し続けて、因縁生起の道理（法身仏）に随って、

任運騰々の日を送りたいと念じております。

最後になりましたが、凡俗の拙い評釈の出版を許して下さいました大蔵出版社当局、とくに蕪雑な原稿に丹念に目を通して、編集・内校にご尽力頂いた谷村英治氏に、あつく御礼申し上げます。

平成十八年九月吉日

神戸須磨鉢伏《はちぶせ》山麓空華庵主　蔭木英雄

蔭　木　英　雄（かげき・ひでお）

1927年　神戸市に生まれる。
1944年　兵庫県立神戸三中卒業。
1945年　陸軍士官学校在学中肺結核を発病，陸軍病院で敗戦を迎え以後病気療養。
1945年　兵庫県揖保郡太市小学校(現在姫路市)の代用教員となり，以後県下の小・中・高（定時制）に勤め，かたわら関西大学（二部)，大学院に学ぶ。
現　在　相愛大学名誉教授・文学博士
主要著書　中世禅林詩史（笠間書院）
一休和尚全集第二巻（春秋社）
日本漢詩人選集・義堂周信（研文出版）
良寛詩全評釈（春秋社）
一筋の道－小説良寛－（考古堂）
道元詩偈全評釈（私家版）

凡俗がよむ　道元偈頌全評釈

2006年10月10日　　初版第1刷発行

著　者　蔭木英雄
発行者　青山賢治
発行所　大蔵出版株式会社
〒113-0033　東京都文京区本郷3-24-6 本郷サンハイツ404
TEL. 03-5805-1203　FAX. 03-5805-1204
印刷所　株式会社　厚徳社
製本所　株式会社　関山製本社
装　幀　株式会社　ニューロン（高月利江）

ISBN4-8043-3065-8 C0092